LIBERTE-SE DA PRISÃO DE VENTRE

CAUSAS E TRATAMENTO CLÍNICO-DIETÉTICO E PSICOSSOMÁTICO

Aureo Augusto

LIBERTE-SE DA PRISÃO DE VENTRE
CAUSAS E TRATAMENTO CLÍNICO-DIETÉTICO E PSICOSSOMÁTICO

EDITORA CULTRIX
SÃO PAULO

Copyright © 1995 Aureo Augusto.

Edição	Ano
1-2-3-4-5-6-7-8-9	96-97-98-99

Direitos reservados
EDITORA CULTRIX LTDA.
Rua Dr. Mário Vicente, 374 — 04270-000 — São Paulo, SP — Fone: 272-1399

Impresso em nossas oficinas gráficas.

SUMÁRIO

Introdução 7
Comparando o presente com o passado • A alimentação dos gregos: como Hipócrates via o ritmo digestivo • A visão de um autor moderno • Defecação atrasada • Reflexo gastrocólico

I. As Causas da PV 11
1. Os hábitos higieno-dietéticos e o aparelho digestivo • O aparelho digestivo e seu funcionamento • Os nutrientes (proteínas, gorduras, carboidratos, vitaminas e minerais) e suas funções • Boca • Estômago • Intestino delgado • Fibra dietética • Digestibilidade dos alimentos • Anatomofisiologia do intestino grosso • Aspectos reflexos do intestino grosso • 2. A influência do aspecto psíquico na PV • Aspectos simbólicos: o inconsciente • Sigmund Freud e o reconhecimento do invisível • A visão humanista e transpessoal • Símbolo • Inconsciente e morfogênese • Significado simbólico da PV

II. O Tratamento da PV 47
Alimentação • Farelo de trigo ou de arroz • Estabelecer horário para a defecação • Seqüência de lavagens intestinais • Caminhadas diárias • Beber água • Procedimentos hidro e geoterápicos • Fitoterapia • Exemplo de programa de tratamento • Aspectos psicossomáticos da PV

III. A PV na Criança 77
PV de fezes normais e de fezes ressecadas • Leite artificial • Cuidados com os gases • Cólicas, brotoeja • Aspecto dietético • Hidroterapia • Exercícios • Lavagem intestinal na criança • Desvantagens • A importância do pediatra

IV. A Síndrome 83

Notas e referências bibliográficas 101

Sobre o Autor 107

Introdução

Quem trabalha com saúde depara freqüentemente com pessoas que se queixam da incapacidade de proceder à evacuação normal do intestino. Esse problema recebe os nomes de prisão de ventre, obstipação, ressecamento, etc., mas por razões de ordem prática o chamaremos de agora em diante apenas de PV.

Na minha prática clínica, trabalhando com pessoas da cidade e do campo, tenho ouvido essa queixa com freqüência, embora muitas vezes ela seja esquecida, pois alguns se acostumaram de tal forma com a PV que não mais se dão conta do desconforto que ela causa. Além disso, muitos são portadores desse problema sem o saber. Acreditam que é normal não ter um ritmo diário de defecação.

É importante frisar que a PV é um problema sério, capaz de minar insidiosamente a saúde, predispondo o indivíduo a diversas enfermidades, muitas delas graves.

Quero ressaltar também que a PV é fruto de hábitos de vida inadequados. Às vezes, esse sintoma é causado por problemas anteriores como, por exemplo, o mal de Chagas[1], mas na grande maioria dos casos são os hábitos de higiene e dietéticos da nossa civilização que provocam o funcionamento irregular dos intestinos.

A PV é um mal tão comum em nosso meio que, às vezes, é considerado normal. Um importante livro usado nas faculdades de medicina[2] diz que cada pessoa tem seu próprio ritmo de defecação. Há aquelas que defecam uma vez por dia e há outras que defecam uma vez a cada três dias. Stanley Robbins, seu autor, baseou-se na observação de pessoas que vivem nos Estados Unidos e em outros países industrializados. Essa é a razão do seu erro. Mais adiante veremos que a alimentação dos habitantes desses países, ou de regiões sob a esfera de influência deles, leva a uma redução do volume fecal, a um aumento da consistência das fezes, a maior dificuldade de evacuação e, "coincidentemente", a um maior índice de câncer no intestino grosso, diverticulose, apendicite, etc.

Se compararmos o livro de S. Robbins com o de outro autor, que viveu cerca de cinco séculos antes de Cristo, veremos uma grande discrepância de opiniões. Hipócrates, chamado o pai da medicina, observou que os seus contemporâneos, quando sadios, evacuavam de três a quatro vezes por dia[3]. Para ele, a redução do número de evacuações era um sinal de declínio na saúde.

Bastante diferente da nossa, a alimentação dos gregos, na época de Hipócrates, favorecia a eliminação intestinal. Suas refeições eram mais frugais, menos ricas em gorduras e sal, pois consistiam principalmente de cereais integrais, frutas da estação, verduras e queijo de leite de cabra. Carnes eram ingeridas apenas em ocasiões festivas[4][5]. A natureza do relevo da Grécia fazia com que a oferta de alimentos fosse um tanto limitada, o que não permitia desperdícios. Mesmo os doentes, embora recebessem os devidos cuidados, não eram propriamente paparicados, pois acreditava-se que as pessoas adoeciam pelos excessos, principalmente no comer e no beber. Se alguém comia demais, com certeza outro cidadão ou cidadã comia de menos. Ésquilo[6] critica os próprios semideuses por sua intemperança no comer. Esse tipo de alimentação e o hábito de exercitar-se regularmente conferiam aos cidadãos da pólis grega um bom preparo físico. Algumas passagens históricas comprovam esse fato:[4][5][7]

No dia 11 de agosto de 490 a.C, dez mil soldados da cidade-Estado (pólis) de Atenas venceram o dobro de soldados persas que invadiam o seu país. As armaduras dos atenienses ofereciam maior proteção que as dos persas, mas seu peso (cerca de 30 quilos) só poderia ser suportado por pessoas em excelente forma física, principalmente depois de uma marcha forçada transformada em desabalada carreira nos últimos metros que precediam o embate frontal com o inimigo. Morreram apenas 192 atenienses, ao passo que o exército persa perdeu 6.400 soldados. Esse quadro, que se repetiu em Salamina e em Platéia, e, mais tarde, o sucesso de Alexandre Magno em Issus, Grânico e na conquista de todo o Império Persa viriam a confirmar a excelência do estilo de vida grego como proteção contra o tremendo estresse representado pelas campanhas guerreiras da época. Os historiadores, impressionados, descrevem o gênio estrategista do general Milcíades ou de Alexandre, porém nem sempre se lembram de que eles estavam apoiados por pessoas cujos nomes foram esquecidos, mas cujos hábitos de vida deram a vitória a esses celebrados generais. Hodiernamente, os cientistas estão mais atentos e já se observou que os povos em ascensão[6], como os gregos da época das guerras greco-pérsicas, os romanos no período de expansão ou os macedônios de Alexandre, tinham uma alimentação mais simples, rica em fibras, centrada em vegetais e sem os excessos na elaboração, tão freqüentes nos povos decadentes.

A alimentação mais próxima do natural garantia a esses povos o vigor físico derivado não apenas da ingestão de nutrientes, mas também da correta eliminação de resíduos. Infelizmente, esse não é o caso de grande parte da população no mundo de hoje.

Conforme dizíamos no início deste capítulo, a PV é muito comum; não apenas a obstipação declarada, que leva o indivíduo a recorrer aos serviços de saúde, como também uma outra forma de PV na qual há uma defecação diária, mas com atraso, isto é, elimina-se hoje o que deveria ter sido eliminado em dias anteriores. O dr. Durval Stokler[9] comenta que, certa vez, observando a face de uma mulher, disse-lhe que certas características do seu rosto revelavam que ela tinha PV. A mulher negou, declarando que defecava normalmente todos os dias. Então ele lhe propôs que ingerisse, sem mastigar, meia xícara de caroços de mamão. Dessa maneira, os caroços não seriam digeridos e, ao serem eliminados, permitiriam que ela tivesse uma idéia do seu ritmo digestivo. Essa mulher, que defecava todos os dias, só eliminou os caroços após quinze dias. Há alguns anos, tomei conhecimento desse experimento e tenho feito numerosos testes com as pessoas que se consultam comigo, obtendo resultados surpreendentes.

Segundo Horace Davenport[10], o processo de digestão leva entre cinco e sete horas. Portanto, a eliminação dos caroços deve ocorrer dentro desse período, caso contrário, trata-se de um caso de PV.

Se fazemos o desjejum às sete horas da manhã, deveremos evacuar os resíduos dessa digestão após o almoço, mais ou menos às treze horas. Depois do jantar, eliminaremos aquilo que o organismo não aproveitou do almoço, e, ao despertar pela manhã, devolveremos ao meio ambiente os restos do jantar do dia anterior.

As crianças que ainda mamam no seio materno seguem essa regra. O leite materno é digerido em mais ou menos três horas, coincidindo com o ritmo da amamentação. O mais freqüente é que, depois da mamada, as mães tenham que trocar as fraldas dos seus bebês. De acordo com os pediatras, isso ocorre devido ao reflexo gastrocólico. Há um mecanismo reflexo nas crianças que induz a movimentação do cólon e do reto, seguida de evacuação, quando se enche o estômago.

Na idade adulta, esse reflexo parece desaparecer, mas, na realidade, ele está apenas inibido. Com a parte terminal do intestino grosso repleta de resíduos fecais, o adulto deveria estar sensível ao reflexo gastrocólico. Por que isso não acontece?

Razões de ordem física, psíquica e social interferem nesse quadro. Se tivermos uma clara compreensão dessas razões poderemos tratar a PV com certa facilidade.

CAPÍTULO I

As Causas da PV

1. *Os hábitos higieno-dietéticos e o aparelho digestivo*

Um dos primeiros pontos a considerar na gênese da PV é a alimentação. Já fizemos um breve comentário sobre os efeitos da dieta ao compararmos os dizeres de Hipócrates com a opinião de um autor atual. Agora vamos nos aprofundar um pouco mais nessa matéria.

Para começar, descreveremos resumidamente o aparelho digestivo e o seu funcionamento. Assim, você ficará a par das etapas do processo digestivo e das partes do organismo diretamente ligadas a ele, podendo compreender facilmente a gênese física da PV.

O *aparelho digestivo* constitui-se de um longo tubo oco que começa na boca e termina no ânus. Sua função é reduzir o alimento a pequenas partículas que podem ser mais facilmente classificadas pelo organismo, que seleciona as que lhe interessa e elimina o restante.

Os alimentos são constituídos de uma série de substâncias químicas. Algumas delas são necessárias para o bom funcionamento orgânico, outras, não, e há outras ainda que são francamente prejudiciais. Dentre as substâncias necessárias estão os nutrientes ou princípios alimentares.

Nutrientes são substâncias que atuam em nosso corpo como material para construção, seja como combustível ou como fator de controle das reações químicas que nos mantêm vivos. Esse conjunto de reações físicas recebe o nome de metabolismo.

Muitos dos nutrientes são substâncias bastante complexas. Alguns são moléculas de grande tamanho que precisam ser reduzidas a unidades menores para que passem para o sangue e, posteriormente, às células, entrando na cadeia metabólica. O nutrientes são os seguintes:

proteínas
carboidratos
gorduras
minerais
vitaminas.

Há quem queira incluir a água em uma classificação à parte, o que me parece muito justo.

As *proteínas* são grandes moléculas compostas de unidades chamadas aminoácidos, que se combinam, como as letras do alfabeto, e formam os mais variados tipos de proteínas. Na Fig. 1 temos um exemplo de aminoácido. Observe que todos apresentam em sua fórmula, além do carbono (C), do oxigênio (O) e do hidrogênio (H), comuns a todas as substâncias orgânicas, o nitrogênio (N).

São variadíssimas as funções das proteínas:

a) Fazem parte da estrutura do corpo, pois são constituintes dos músculos, ossos, pele, etc.
b) São responsáveis pelo movimento do nosso corpo, já que a contração dos músculos é fruto do deslizamento de duas espécies de filamentos de proteínas.
c) Sob a forma de enzimas, as proteínas catalisam, isto é, aceleram as reações químicas em nosso organismo. As enzimas podem acelerar a velocidade de uma reação química em mais de um milhão de vezes.
d) As proteínas transportam certas substâncias indispensáveis à vida, por exemplo, a hemoglobina, responsável pelo transporte do oxigênio.

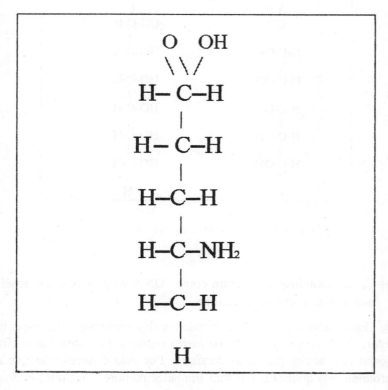

Figura 1. Aminoácido.

e) Os anticorpos do sistema imunológico, responsáveis pela defesa orgânica, são proteínas muito especializadas.
f) As proteínas participam na formação do impulso nervoso. Por exemplo, há na retina dos olhos uma proteína, a rodopsina, que é sensível à luz. Sob a ação da luz, ela se modifica, excitando os nervos e nos permitindo enxergar.

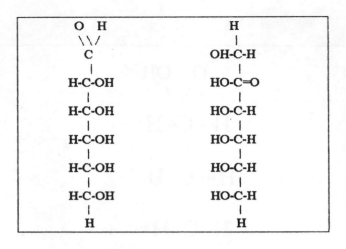

Figura 2. Carboidratos. a) Glicose; b) Frutose.

g) Certas proteínas colaboram com o DNA no processo de crescimento e diferenciação celular.

Essas são algumas das atividades das proteínas. Um aspecto interessante é que elas são uma marca registrada do organismo. Um corpo não aceita proteínas de outro. Por isso é necessário que a proteína seja quebrada em suas unidades menores, os aminoácidos. Uma vez absorvidos pelo organismo, este reconstitui as proteínas dentro de um padrão próprio, o único aceitável por ele.

Os *carboidratos* recebem esse nome porque em sua constituição química encontramos um átomo de carbono (C) para cada átomo de oxigênio (O) e dois átomos de hidrogênio, como podemos ver na Fig. 2. É bom lembrar que um átomo de oxigênio com dois átomos de hidrogênio formam uma molécula de água; assim, nas moléculas dos carboidratos, temos um átomo de carbono para uma molécula de água ('ιδρος - hidros, em grego), daí o nome carboidrato. São usados pelo nosso corpo para a produção ou acúmulo de energia. Na natureza existem carboidratos simples, como a glicose ou a frutose, e complexos, formados pelo encadeamento de carboidratos simples, como é o caso do amido. Como são grandes, os carboidratos complexos precisam ser quebrados em suas unidades mais simples para que possam entrar no sistema sangüíneo e se distribuir pelo corpo. Cabe ao sistema digestivo essa tarefa.

As *gorduras* também se compõem de carbono, oxigênio e hidrogênio, conforme se pode ver na Fig. 3. Elas participam do nosso corpo como "material de construção", como parte da membrana celular, de certos tecidos plásticos (tecido adiposo) e do sistema nervoso. O organismo costuma acumular o excedente de energia sob a forma de gordura. Havendo necessidade, ele "queima" as gorduras e aproveita a energia dessa reserva.

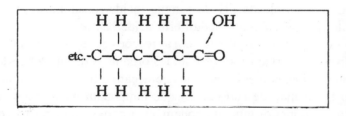

Figura 3. Gordura ou ácido graxo.

As *vitaminas* são substâncias necessárias em pequenas quantidades, pois não são matérias-primas, isto é, não são usadas para construir partes do corpo nem para a formação de novas substâncias; seu trabalho consiste em apoiar as enzimas. São co-fatores essenciais sem os quais as enzimas nada fazem (ver o item sobre proteína). Existe um variado número de vitaminas, cada uma com suas funções particulares, porém, escapa à proposta deste livro estudá-las individualmente. Nunca é demais, entretanto, ressaltar que, embora sejam necessárias em quantidades tão pequenas, são essenciais para o funcionamento normal do organismo. Existem dois tipos básicos de vitaminas: as hidrossolúveis e as lipossolúveis. As primeiras, como as vitaminas *B1*, *B6*, *C*, entre outras, podem ser dissolvidas em água, conseqüentemente o organismo tem mais facilidade para eliminá-las. Sendo assim, devemos estar mais atentos à ingestão constante dessas vitaminas, pois é difícil para o nosso corpo armazená-las. Já as lipossolúveis, que não se dissolvem em água, mas em gorduras, podem ser armazenadas. São exemplos de vitaminas lipossolúveis as vitaminas *A*, *D* e *K*.

Também existe uma ampla gama de minerais, que, sob a forma de sais, são absorvidos pelo aparelho digestivo e participam dos processos orgânicos. Alguns deles, como o cálcio e o fósforo, podem fazer parte dos tecidos corporais como material de construção; eles contribuem para a formação dos ossos e dos dentes. Outros minerais atuam no controle do pH do sangue (acidez/alcalinidade), isto é, naquilo que se chama de equilíbrio ácido/básico. Esse controle é necessário, pois, para que ocorram as reações químicas normais (metabolismo) no organismo, os líquidos orgânicos devem ter certa alcalinidade. Quando esses líquidos começam a ficar muito ácidos, o corpo lança mão de substâncias que tamponam ou corrigem esse estado. Os minerais também podem atuar como auxiliares de certas vitaminas, como é o caso do zinco, auxiliar da vitamina A, e também podem participar do impulso nervoso.

Nosso corpo é constituído de 70% de água, o que já demonstra a importância desse líquido para o nosso organismo. No processo digestivo, a água é o veículo das enzimas e de outras substâncias digestivas. A ingestão regular de água favorece a eliminação dos resíduos digestivos, embora não seja aconselhável o seu consumo durante as refeições sólidas.

Todos os elementos acima devem passar pelo crivo do aparelho digestivo. Ali eles são transformados e absorvidos para que participem do nosso corpo e de suas atividades metabólicas. São recolhidos pelo sangue ou pela linfa (no caso das gorduras) na área digestiva e se distribuem amplamente por toda a economia orgânica, sendo utilizados conforme as necessidades do organismo ou armazenados para uso futuro em situações de carência ou maior dispêndio. Para realizar essa tarefa, o aparelho digestivo conta com estruturas bem desenvolvidas, começando pela boca, provida de dentes que reduzem os alimentos a partículas bem pequenas. Essa quebra dos alimentos em pedaços menores permite que sofram mais intensamente a ação dos sucos digestivos.

A boca recebe das *glândulas salivares* um líquido, a saliva, que contém uma enzima, a ptialina ou amilase salivar, que atua sobre os amidos (dos cereais, das raízes feculentas, como a mandioca ou inhame, e de certas frutas como a fruta-pão). O amido é, como já vimos, um carboidrato complexo e deve ser quebrado para que possa ser absorvido. Cerca de 70% desse trabalho devem ser realizados pela ptialina. Infelizmente, essa enzima nem sempre tem condições de realizar sua função a contento, pois na nossa sociedade as pessoas costumam comer muito rápido, mastigando pouco e não dando tempo para que a ptialina possa atuar. Essa enzima carece de meio alcalino para atuar eficazmente. A boca é um meio alcalino, ao contrário do estômago, que é ácido. Por isso, a ptialina, quando chega ao estômago, pára de funcionar assim que o aparelho digestivo, dando seqüência à digestão, começa a produzir ácido. Esse é um dos motivos pelos quais devemos mastigar cuidadosamente os alimentos.

Após o processo de mastigação e insalivação do alimento, ocorre a deglutição. O bolo alimentar desce por um tubo, o *esôfago*, até o *estômago*, onde sofrerá a ação dos poderosos músculos dessa víscera e também de algumas enzimas, as pepsinas. Certas células do estômago produzem pepsinogênios, que são como enzimas quase prontas para atuar, mas ainda inativas. Outras células produzem ácido clorídrico. Quando esse ácido entra em contato com os pepsinogênios, dá-se a transformação que faz com que as pepsinas apareçam e cumpram o seu papel: quebrar as longas cadeias de aminoácidos que formam as proteínas.

Depois que o estômago reduziu os pedaços de alimentos a frações ainda menores e efetuou a quebra das proteínas, o bolo alimentar segue o seu caminho e, através do piloro (porta de saída do estômago), chega ao intestino delgado.

O *intestino delgado* divide-se em três partes: *duodeno, jejuno* e *íleo*. O duodeno recebe o suco pancreático e a bile que, juntamente com os sucos que ele mesmo produz, terminarão de quebrar os amidos e as proteínas. As gorduras, que geralmente apresentam longas cadeias, também são quebradas no duodeno. Nessa parte do intestino também ocorre a absorção dos aminoácidos e das gorduras. Os primeiros são recebidos pelos vasos capilares que existem na parede do intestino. Esses vasos se unem para formar pequenas veias que são tributárias das veias mesentéricas. Essas veias, por sua vez, formam a veia porta hepática, que penetra no fígado. Esse órgão, então, analisa cuidadosamente os aminoácidos que aí chegam e lhes dá destino. O mesmo ele faz com as vitaminas, sais minerais, resíduos tóxicos, substâncias inertes, etc. que estavam nos alimentos e também devem ser analisados. Quando em excesso, muitas dessas substâncias passam pelo fígado sem sofrer sua ação, podendo, assim, agredir outros órgãos.

Quanto às gorduras, estas são captadas pelos vasos quilíferos, que fazem parte do sistema linfático. Esses vasos desembocam em vasos mais calibrosos, que deságuam em um grande gânglio chamado cisterna de Pecket. Daí parte um grosso vaso linfático, chamado canal torácico, que deságua na veia cava superior. Dessa maneira, as gorduras chegam ao sangue, que nutre todos os órgãos, mesmo antes de ir para o fígado, como acontece com as demais substâncias que ingerimos.

Para que ocorra a quebra das moléculas de gordura, é indispensável a presença da bile, pois é ela que emulsiona as gorduras, isto é, torna-as solúveis em água, permitindo que as enzimas presentes no duodeno atuem sobre elas mais facilmente.

Além disso, quero esclarecer que a seqüência do processo de quebra dos amidos, iniciado com a ptialina da saliva, fica a cargo da amilase pancreática, enzima produzida no pâncreas. Os amidos, porém, só serão quebrados por completo, e seus componentes absorvidos, no jejuno e no íleo.

Por fim, os restos alimentares chegam ao *intestino grosso*. A essa altura, o organismo já retirou do alimento praticamente tudo que lhe interessava, mas ainda podem ser encontrados restos de nutrientes. Na nossa sociedade, onde é freqüente o uso abusivo de proteínas e gorduras (entre aqueles que podem pagar), esses resíduos alcançam um volume maior do que o aceitável, embora o que chega ao intestino grosso seja um produto nutricionalmente fraco e bastante liqüefeito. Essa parte do intestino retira do bolo alimentar água e minerais. Algumas vitaminas também são retiradas nesse nível, e outras são criadas por bactérias que aí vivem.

O intestino grosso compõe-se de diversas partes: o *ceco*, onde está o apêndice, o *cólon ascendente*, o *cólon transverso*, o *cólon descendente*, o *cólon sigmóide* e o *reto*. Ao percorrer essas partes, os restos alimentares vão se desidratando, transformando-se em um bolo fecal, de consistência pastosa, que será eliminado tão logo o reto esteja cheio e libere o reflexo de defecação. Na Fig. 4 é apresentado todo o sistema digestivo.

Uma vez que já conhecemos de maneira geral o processo de digestão, podemos seguir conversando sobre o papel da alimentação na PV.

O volume de fezes dos povos antigos era maior do que o nosso e a PV, em conseqüência, era menos freqüente. O principal motivo físico para isso era a ingestão de fibras dietéticas em maior quantidade do que hoje em dia.

A *fibra dietética* consiste em substâncias que atravessam o aparelho digestivo sem sofrer transformações. Elas não são quebradas

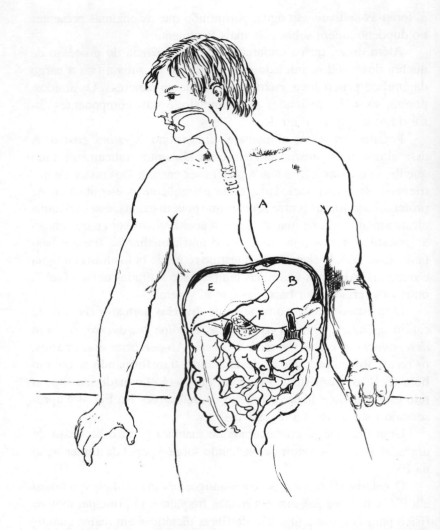

Figura 4. O aparelho digestivo. A: esôfago; B: estômago; C: intestino delgado; D: intestino grosso; E: fígado; F: pâncreas.

em partes menores e não são absorvidas. Compõem-se, principalmente, das paredes das células vegetais, feitas de celulose. Alguns estudiosos acreditam na existência de outros componentes, mas o dr. Denis Burkitt[12], um dos cientistas que mais tempo dedicou ao estudo da fibra dietética, diz que apenas a celulose, a hemicelulose, a lignina e outras matrizes de polissacáridos devem ser considerados como tal. Para nós, o importante é o fato de que esses produtos não existem nas células dos animais, que são formadas de núcleo, citoplasma e membrana celular. Nas células vegetais, há o acréscimo de uma parede celular que dá lenhosidade às plantas. A fibra dietética está nos cereais integrais, nas frutas, raízes, folhas, etc., mas não está presente na carne, nos ovos ou no leite.

Apesar de não participar quimicamente da digestão, a fibra realiza um trabalho de excitação da peristalse, ou seja, faz com que as vísceras do aparelho digestivo se movam com mais vigor. Ela também aumenta o volume fecal, não apenas pela sua presença, mas porque retém água, o que impede o ressecamento das fezes. Hinton e seus colaboradores, usando marcadores de Bário, provaram que o trânsito intestinal é acentuado pela presença de fibras[13]. Para estudar melhor o valor das fibras, os cientistas compararam os povos da nossa sociedade com aqueles que ainda mantêm uma alimentação semelhante à dos povos antigos. Observou-se que pessoas que ingerem 25 gramas de fibra por dia defecam 400 gramas de fezes diariamente. Nos países sob influência da chamada cultura ocidental cristã, a produção de fezes é de menos de 150 gramas diárias. As fezes típicas dos povos civilizados são pequenas e duras. Isso é o que os nossos pais chamavam de ressecamento, termo ainda utilizado entre as camadas menos letradas. Os povos chamados de primitivos, que mantêm sua alimentação tradicional, praticamente não conhecem esse problema.

Ao se comparar as populações negras da África do Sul que habitam as cidades e aquelas que permaneceram no campo, observou-se que, ao mudarem sua dieta, passam a ingerir apenas um quinto das fibras que antes compunham sua alimentação. Esse fato motivou o aparecimento da PV e de outras enfermidades dela decorrentes[15].

As fezes pequenas e duras fazem com que o intestino tenha dificuldade para conduzi-las adiante, obrigando-o a fazer fortes contrações, que aumentam a pressão dentro desse órgão. Esse processo é mais intenso no intestino grosso, embora já ocorra no intestino delgado uma diminuição na velocidade no trânsito dos alimentos. O retardo desse trânsito permite a ação de bactérias de putrefação, o que provoca uma alteração na flora bacteriana[12][16]. Isso cria ainda mais dificuldades para o aparelho digestivo, pois a flora bacteriana é um apoio ao bom andamento da digestão.

As fezes que caracterizam a PV decorrente da deficiência da ingestão de fibras são muito concentradas. Por isso as substâncias irritantes trazidas com o alimento, e aquelas resultantes do próprio processo de digestão, atuam mais demoradamente sobre a mucosa do intestino e com maior concentração. Esse é o motivo pelo qual a PV vem sendo associada a algumas enfermidades como:

Apendicite aguda: Doença rara no início do século, é atualmente a causa mais comum de emergências abdominais. Quando as fezes pequenas e duras se concentram mais ainda, formando fecalitos, estes podem se alojar no apêndice, cuja luz (diâmetro, oco) é menor que a luz do restante do aparelho digestivo (ver Fig. 5). Isso faz com que a pressão interna do apêndice aumente e haja uma diminuição da circulação sanguínea em suas paredes, o que provoca uma queda das defesas naturais e favorece a ação das bactérias aí presentes. Como resultado, a pessoa sente fortes dores abdominais, tem febre alta e, em geral, precisa ser submetida a uma cirurgia de extração do apêndice.

Diverticulose do cólon: A freqüência dessa doença é tão grande hoje em dia que Robbins aventa a hipótese de que se trata de uma doença hereditária. 40% da população americana apresenta essa herniação das camadas mucosa e submucosa do cólon, principalmente.

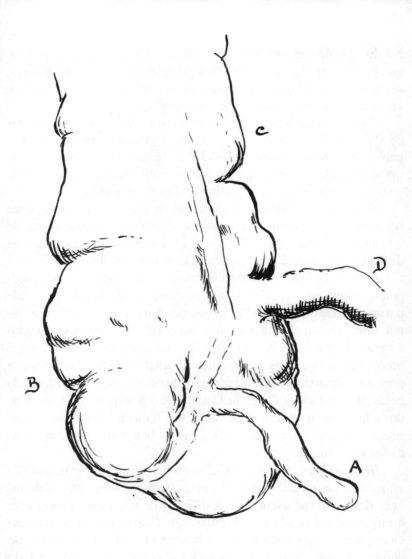

Figura 5. O apêndice. A: apêndice; B: ceco ou cego; C: cólon ascendente; D: íleo (intestino delgado).

Na diverticulose é formado um saco com a forma de uma garrafa, que pode ter apenas meio centímetro de diâmetro ou, por reter fezes, ser bem maior. Nos casos em que ele inflama e provoca dor, pode ser necessária uma intervenção cirúrgica[2].

O excesso de pressão dentro do intestino de pessoas portadoras de PV é outra causa desse problema. A pressão contínua sobre a parede do intestino grosso dificulta a circulação sangüínea da camada muscular e a enfraquece. Em conseqüência, as camadas mucosa e submucosa se metem entre as fibras musculares.

Não descarto também a possibilidade de que um componente hereditário seja responsável por um certo enfraquecimento da parede intestinal. Contudo, parece-me que a manifestação dessa possível debilidade se deve a uma alimentação pobre em fibras dietéticas.

Hérnia de hiato: Recebe esse nome a herniação do estômago para o tórax, através do orifício existente no diafragma por onde passa o esôfago (ver Fig. 7). As pessoas portadoras de PV apresentam uma pressão abdominal muito superior à do tórax. Esse quadro é agravado pelo fato de que essas pessoas, em geral, são tensas e preocupadas, o que as faz respirar de modo errado, diminuindo a pressão normal do tórax. As hérnias de hiato, segundo Burkitt, citado pelos drs. Patrício e Gonzalo Ossa[16], são demonstráveis em 50% dos adultos norte-americanos. No Brasil, o quadro não é tão crítico, mas tende a se agravar à medida que o brasileiro abandona suas dietas tradicionais.

Hemorróidas: Nesse caso, as veias do plexo hemorroidário são vítimas da compressão que sofrem as veias maiores, intra-abdominais, das quais são tributárias. A dificuldade nas veias maiores leva a uma sobrecarga nas hemorróidas, que ficam congestionadas, incham, doem e podem romper se houver um esforço excessivo ao defecar. Quase todas as pessoas que têm ou tiveram PV acabam sofrendo de hemorróidas. 50% da população norte-americana[12] apresenta esse mal. (Refiro-me freqüentemente à população norte-americana porque é desse país que parte a maioria das pesquisas.)

Figura 6. Divertículos do intestino grosso. As letras A e B assinalam dois divertículos, o último ainda em formação. Observe que as paredes dos divertículos são mais delgadas que as do intestino grosso.

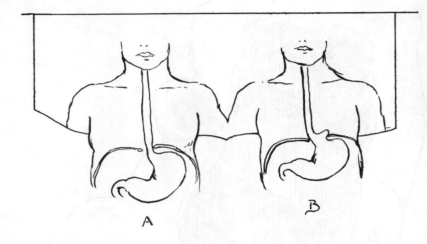

Figura 7. Hérnia de hiato. A: o estômago em sua posição normal. B: parte do estômago passou (herniou) através do orifício por onde normalmente o esôfago penetra no abdômen e entrou no tórax.

Convém ressaltar que a atual hegemonia dos EUA sobre o resto do mundo coincide com a divulgação das práticas alimentares desse país, que tendem a se disseminar, substituindo formas de alimentação tradicionais consideradas menos nobres.

Varizes nas pernas: As veias das pernas deságuam nas veias ilíacas, que levam o sangue para a veia cava inferior. Se essas veias, juntamente com as ilíacas, estiverem pressionadas, pela excessiva pressão intra-abdominal da PV, o fluxo sangüíneo será prejudicado da mesma forma que no caso anterior[12]. É bom observar que as varizes costumam ser mais freqüentes na perna esquerda, pois a veia ilíaca primitiva esquerda, em seu trajeto, cruza com o sigmóide. Este, nas pessoas portadoras de PV, está sempre cheio de fezes endurecidas que comprimem essa veia, prejudicando o fluxo normal do sangue em seu interior.

Câncer de cólon: Esta doença está em segundo lugar como causa de morte por câncer. Como as fezes dos portadores de PV são muito concentradas, qualquer substância cancerígena que chegue ao intestino grosso estará potencializada em seus efeitos nefastos devido a sua concentração e pelo fato de permanecer mais tempo em contato com as paredes intestinais. Entre essas substâncias estão os sais biliares, que são cancerígenos.

Outras doenças têm sido associadas à PV e à redução do consumo de fibras dietéticas, como as litíases biliares (cálculos na vesícula biliar), que atingem 20 milhões de norte-americanos, a obesidade, a doença isquêmica cardíaca, a *diabetes mellitus*, entre outras. Não é assunto deste trabalho detalhar esses casos, já que nos atemos às causas e efeitos da PV[17].

Por incrível que pareça, o volume de defecação é um importante índice da saúde de um indivíduo. Habitualmente, não tendemos a valorizar esse fato, mas quem defeca em torno de 400 gramas diárias tem menos possibilidade de adquirir as doenças acima citadas, e outras mais.

Já que a fibra é tão importante, devemos cuidar para que ela sempre faça parte do nosso cardápio. Sua ausência é, em grande parte, fruto do progresso industrial pois, com o surgimento de poderosos moinhos de cilindro de aço, os grãos de cereais foram excessivamente descascados. Cada grão de cereal (ver Fig. 8) apresenta uma casca grossa, que não devemos ingerir por ser muito dura, uma cutícula, um gérmen e uma massa de amido. Antigamente, a farinha era integral, pois a indústria descascava o grão sem retirar a cutícula e o gérmen, fontes de vitamina do complexo B, de minerais. Hoje em dia, tudo isso se perde.

A farinha de trigo refinada, produzida pelos novos moinhos, provocou uma verdadeira revolução na alimentação humana. Os

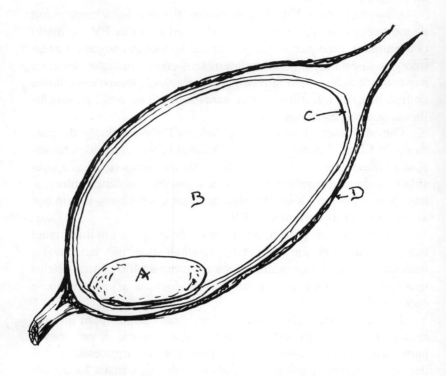

Figura 8. Grão de cereal. A: gérmen; B: amido; C: cutícula; D: casca.

pães e os bolos ficaram mais macios, mas o consumo de fibras, neste século, caiu em 85%. O consumo de açúcar refinado subiu em pelo menos 100% e o de gordura em 20%[12)(16]. A redução do consumo de fibra dietética aumenta o consumo de açúcar e de gordura porque reduz o tempo de saciedade, já que a fibra diminui a velocidade de absorção de glicose no intestino, fazendo com que se mantenha um nível de glicose sangüíneo suficiente para manter inibidos os centros bulbares da fome. Essa revolução na alimentação reduziu a necessidade de vasos sanitários.

As fontes de fibra dietética na alimentação humana são as frutas, as verduras, os cereais integrais. Nos casos de PV, às vezes é recomendável a ingestão de fibra dietética sob a forma de farelo de cereais, mas isso veremos adiante quando apresentarmos uma proposta organizada de tratamento.

Digestibilidade: Apesar da sua importância, a ingestão de fibras não é o único fator que influi na motilidade gastrintestinal. Outros fatores interferem nesse processo, entre eles a digestibilidade dos alimentos.

Quando escolhemos conscientemente nossos alimentos, é comum nos preocuparmos com seu valor nutricional. Queremos saber se as vitaminas, minerais, proteínas, etc. estão presentes em quantidades adequadas. Também ficamos atentos ao teor calórico desses alimentos. Contudo, é freqüente nos esquecermos do fator digestibilidade, ou seja, a rapidez com que o alimento permite que o aparelho digestivo atue sobre ele.

Como já vimos anteriormente, a digestão compreende a redução dos alimentos a partículas microscópicas, a classificação dessas partículas e, em seguida, a eliminação daquilo que não será usado pelo organismo. Alguns alimentos são facilmente submetidos a esse processo. Outros, ao contrário, resistem, exigindo muito trabalho dos órgãos digestivos. Hinton[12], Meunier, M'c Carrison e outros[18] descobriram, principalmente pelo método da sondagem seriada, que alguns alimentos são digeridos mais facilmente que outros, e por isso devem estar presentes em nossa dieta em maior volume. Esses alimentos permitem um processo digestivo em tempo hábil, impedindo o aparecimento da PV.

É interessante observar que os alimentos *crus*, ao contrário do que muitos pensam, são de mais fácil digestão do que os cozidos.

Eles exigem, não há dúvida, uma mastigação mais cuidadosa, mas sua digestão é fácil e estimulante.

Os alimentos com maior grau de digestibilidade são as *frutas* e as *verduras,* seguidas pelos *cereais integrais,* a *coalhada* e o *iogurte*. A fibra dietética, que não sofre a ação dos sucos digestivos, atua como fator positivo de digestibilidade, pois, como já vimos, ela estimula a motilidade.

Os alimentos que são produto de uma complicada mistura de ingredientes levam a uma dificuldade digestiva. Os bolos, por exemplo, são uma combinação de produtos nem sempre afins, como leite, ovos, fermento, farinha de trigo, açúcar, manteiga, etc. Certas combinações mais simples também não são recomendáveis, como, por exemplo, as frutas ácidas com os amidos (cereais, raízes feculentas), pois, desde Hammarsten [18], sabe-se que a ptialina (amilase salivar) atua em meio alcalino. Ela só age sobre os amidos até o momento em que o estômago começa a produzir ácido clorídrico, que inibe a sua ação. Responsável por 70% da quebra dos amidos, a ptialina tem um papel essencial na digestão[19], mas quando o amido é ingerido junto com alguma substância ácida (laranja, limão, vinagre) a ptialina deixa de atuar. Como a amilase pancreática não é capaz de complementar satisfatoriamente o processo, surgirão gases e dificuldades no funcionamento digestivo. A digestibilidade fica, portanto, comprometida.

Certos alimentos que estão constantemente na nossa mesa podem conter fatores que dificultam a digestibilidade, como é o caso do *feijão*. Esse alimento, estando verde ou germinado, é de boa digestibilidade (mas não excelente) e não produz gases. Porém, se consumido seco, que é a forma mais freqüente de consumo das leguminosas, algumas das substâncias que compõe o feijão podem dificultar o processo digestivo[20].

O *intestino grosso*: No estudo das causas da PV, essa víscera deve receber uma atenção especial, pois tem um papel preponderante em sua gênese. Já vimos que a obstipação está relacionada com fatores que atuam sobre qualquer parte do aparelho digestivo, mas a lentidão digestiva que caracteriza a PV está localizada, principalmente, no intestino grosso.

Como todas as vísceras digestivas, trata-se de um tubo oco de 150 a 180 centímetros de comprimento e cerca de 5 a 9 centímetros de diâmetro. Ao contrário do intestino delgado, o intestino grosso apresenta estreitamentos regulares chamados *austrações*. Essas austrações funcionam como verdadeiras dragas (segundo a expressão de A. Keith), que impelem para adiante o conteúdo intestinal.

O intestino grosso compõe-se de seis partes (ver Fig. 9):

1. Ceco, cecum ou cego, onde está o apêndice.
2. Cólon ascendente.
3. Cólon transverso.
4. Cólon descendente.
5. Cólon sigmóide.
6. Reto, que termina no ânus.

Como todo o tubo digestivo, o intestino grosso apresenta uma camada mucosa rica em glândulas, mas sem vilosidades; uma camada submucosa, onde estão os gânglios linfáticos e plexos nervosos; uma camada muscular, bem mais robusta que a do intestino delgado, que apresenta as fibras musculares em duas disposições, uma transversal e outra longitudinal, e se aglutina em três faixas, chamadas *tênias do intestino grosso*, que percorrem toda a extensão da víscera. Por fim, encontra-se a camada serosa que reveste externamente o órgão.

A principal função do intestino grosso é retirar água e minerais do líquido que recebe do intestino delgado, dando consistência ao bolo fecal. Suas numerosas glândulas produzem boa quantidade de muco, facilitando o deslocamento das fezes no interior da víscera. Esse muco, produzido principalmente por certas células em forma de cálice, tem pH ácido, o que favorece o desenvolvimento de certas bactérias em detrimento de outras.

O intestino grosso é a víscera mais rica em vida bacteriana de todo o aparelho digestivo. Em condições normais, no ser humano

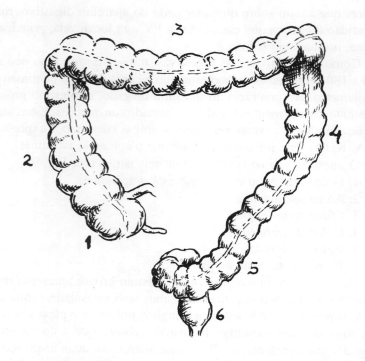

Figura 9. O intestino grosso. 1: ceco (com o apêndice); 2: cólon ascendente; 3: cólon transverso; 4: cólon descendente; 5: cólon sigmóide; 6: reto.

sadio, 80 a 90% da microflora do intestino grosso são compostos de bactérias acidófilas, com predominância absoluta de *lactobacilos bifrigens.* Essas bactérias encontram no meio ácido produzido pelas células caliciformes da mucosa intestinal seu lugar ideal para viver, e elas retribuem, colaborando com o processo digestivo, produzindo vitaminas B1, B12, K, entre outras, e atuando na manutenção da acidez do meio. O meio ácido do intestino tem a função de estimular o *peristaltismo*. Em nosso organismo há um equilíbrio funcional impressionante. Vimos anteriormente que no tubo digestivo existem certas proteínas, as enzimas, que ajudam na realização de reações químicas, como, por exemplo, a quebra de grandes moléculas. Essas enzimas trabalham melhor sob certas condições ambientais (nesse caso, o ambiente ecológico delas é o aparelho digestivo), como *temperatura* e *pH*.

Na boca, há predomínio do pH alcalino, pois a enzima presente na saliva, a ptialina, precisa dessa condição para atuar. No estômago, a situação se inverte, já que as pepsinas necessitam de pH ácido. Mais adiante, no intestino delgado, vemos nova inversão, quando os sucos digestivos atuam no sentido de criar um meio alcalino. Por fim, o intestino grosso requer um pH ácido, embora não tão ácido quanto o do estômago.

Atenção: Muitos alimentos geram um pH alcalino no intestino grosso, inibindo o peristaltismo e provocando a PV. Portanto, não só a ingestão de fibras e a digestibilidade devem ser levadas em conta ao se estudar as causas da PV, mas também a capacidade dos alimentos de produzir um pH ácido ou alcalino no intestino grosso. Os alimentos que alcalinizam o intestino grosso, e aumentam a PV, são as *leguminosas secas*, como a ervilha, o feijão, a lentilha e o grão-de-bico, as *carnes*, o *leite*, os *cereais* refinados e seus derivados (pão branco, bolachas, etc). Esses alimentos favorecem o desenvolvimento de bactérias não-acidófilas que podem substituir as bactérias normais. Em pessoas que se alimentam de acordo com a dieta norte-americana, as bactérias não-acidófilas podem representar 80% das bactérias do intestino grosso[12][16]. Já as frutas, as *hortaliças* em geral (as verduras), a *coalhada* e o *iogurte* são reguladores do pH do intestino grosso, contribuindo para a sua acidez.

Cientistas (citados por Burkitt) já constataram que as doenças do cólon (outra forma de se referir ao intestino grosso) são tanto mais sérias quanto maior for a perversão da microflora vegetal. Nos casos de câncer do cólon, há uma predominância de bactérias anaeróbicas de putrefação.

Segundo o biólogo Arthur Keith[21], a microflora intestinal é um dos fatores de conservação da saúde. Para ele e para muitos outros cientistas, existe entre nós e essas bactérias uma relação simbiótica que transforma a espécie humana em parceira existencial interdependente dessas bactérias acidófilas.

De acordo com Keith, o intestino não apenas absorve água e conforma as fezes, mas também reproduz em escala menor todo o processo digestivo. O ceco seria um estômago herbívoro que, graças às bactérias aí presentes, digeriria parte das fibras dietéticas, gerando o pH adequado para estimular a motilidade e as vitaminas. (Note que essa observação nega a afirmação anterior de que a fibra dietética passa incólume pelo tubo digestivo. Nesse caso, pelo menos uma parte dela sofreria transformação. Essa estimulante hipótese parece estar sendo comprovada por estudos feitos com vegetarianos norte-americanos.)

Um outro aspecto interessante do cólon é a sua condição de órgão reflexo. Arbuthnot Lane foi o primeiro cirurgião a extrair com sucesso o intestino grosso de uma pessoa. Ele observou que numerosas queixas desapareciam após a extração desse órgão. Sintomas desagradáveis em áreas distantes do corpo deixavam de se manifestar tão logo o intestino grosso era extraído. Assim, chegou-se à conclusão de que há uma ligação nervosa entre certas partes do cólon e outras regiões do corpo. Bernard Jensen [22] estudou esse aspecto e obteve resultados surpreendentes ao tratar pacientes com problemas no seio atuando apenas em áreas específicas do intestino grosso.

Uma enorme gama de reflexos já foram investigados em nosso corpo. O mais famoso deles é o reflexo patelar. Quando o médico dá aquela pancadinha no joelho dos seus pacientes, estes dão um pequeno chute involuntário. Os reflexos têm esse nome porque são produto da influência de um órgão ou região do corpo sobre outra, sem que entre eles haja um contato direto. Essa influência ocorre por via nervosa inconsciente. Por exemplo, quando molhamos a bolsa escrotal de um homem com água gelada, há de imediato uma vasoconstrição no pulmão (os vasos sangüíneos ficam mais finos devido à contração das suas paredes). Não existe nenhuma relação de fronteira entre essas duas partes do corpo, mas os nervos da bolsa escrotal estão ligados aos nervos motores das paredes dos vasos sangüíneos pulmonares, o que provoca essa reação. Trata-se de um reflexo. O reflexo patelar é usado para diagnóstico, isto é, para verificar o estado do sistema nervoso do paciente. Outros reflexos podem ser usados como terapia. Esse é o caso do segundo exemplo acima, que é utilizado quando o paciente apresenta congestão (excesso de sangue) na área respiratória.

Existe um sistema terapêutico chamado terapia de zona que trabalha com alguns dos numerosos reflexos do nosso corpo. Nessa terapia, parte-se do pressuposto que a pele ou a mucosa de um determinado órgão ou parte do corpo tem nichos em sua superfície que corresponde a outras áreas do corpo. Essas áreas podem ser atingidas e beneficiadas pela estimulação desses nichos. Da mesma forma que os pés, as mãos, a mucosa nasal[23], entre outras partes do corpo, o intestino grosso é uma área reflexa. Por isso o seu estado funcional ou disfuncional influencia outros órgãos a distância.

Horace Davenport, notável fisiologista norte-americano, nos informa que grande parte dos sintomas decorrentes da PV ocorre por via reflexa[10]. Na sua opinião, a distensão do reto acarreta reflexamente sintomas como dor de cabeça, mau humor, etc. Um intestino grosso com áreas focais ou gerais de disfunção provocará uma redução da fluidez circulatória[22] em órgãos correspondentes às áreas afetadas do intestino. Se essa víscera estiver funcionando bem, com um pH normal e uma microflora bacteriana constituída basicamente de acidófilos, haverá um estímulo reflexo para os outros órgãos.

O bom funcionamento do cólon implica um ritmo de defecação de três vezes ao dia, com fezes pastosas, formadas, sem odor desagradável, cuja eliminação ocorre sem dificuldade.

Vimos anteriormente que, entre outros fatores alimentares, a alimentação pobre em fibra dietética é causa importante da PV. Há outros fatores, porém, que devem ser levados em consideração:

O ritmo da defecação: O reflexo da defecação acontece quando o reto está cheio de fezes. A distensão das suas paredes atua sobre as terminações nervosas aí presentes, gerando um impulso nervoso que, por meio de um arco reflexo, provoca a descontração da musculatura do cólon e a contração do reto, dando início aos movimentos de expulsão das fezes. Quando desenvolveu esse mecanismo, a natureza não contava com a nossa sociedade, que criou regras imprevistas pela natureza, como aquela que considera o ato de defecar uma coisa, no mínimo, deselegante. É comum o caso da criança que sente vontade de ir ao banheiro, mas tem vergonha de pedir à professora, ou do adulto que, estando numa reunião de negócios, acha que não fica bem interrompê-la para ir defecar. Muitas são as situações em que se nega o ato de defecar, pois, apesar do arco reflexo responsável pelas sensações características da necessidade de eliminar as fezes ser inconsciente, o controle da musculatura que participa do ato de defecar é consciente. Portanto, excetuando algumas situações particulares, podemos evitar a defecação quando quisermos. Se isso se repetir muitas vezes, com o tempo o reto deixa de responder a essas sensações ou começa a responder quando há um volume de fezes maior do que o normal.

Já comentei antes que o nosso corpo é ritualístico. Quando não obedecemos ao ritual, ele perde a razão de ser. O corpo costuma obedecer aos nossos hábitos, apesar de recusar-se inicialmente quando queremos impor-lhe um hábito inadequado. Cedo ou tarde, a repetição faz com que o corpo aceite uma prática, mesmo que esta venha a prejudicá-lo. Uma prova disso é o hábito de fumar. Quase todos os fumantes afirmam que, no início, achavam desagradável fumar, mas, com o tempo, o corpo dobrou-se à insistência. O novo hábito passa a participar tão intimamente do conjunto de rituais vitais da pessoa que é quase impossível viver sem ele. Não respeitar o reflexo da defecação é um hábito errado, mas muito comum. Nesse caso, o organismo também acaba por render-se.

Dentro do ritual, há que se considerar também a posição que se adota ao defecar. Embora não seja tão importante quanto a presença da fibra dietética na dieta ou o hábito ritual de defecar, esse fator tem seu papel. Todos os povos chamados primitivos defecam de cócoras. Nessa posição, as pernas comprimem o abdômen, ajudando na defecação. Na posição sentada, usual na nossa civilização, não usufruímos desse benefício. A adoção da posição "primitiva" ajuda a regredir a PV.

Sedentarismo: A maneira como costumamos nos sentar e os hábitos sedentários que cultivamos causam um grande prejuízo à nossa saúde. Sentar-se com a coluna curvada, com o rebordo costal caindo sobre as vísceras abdominais, impede a sua motilidade, dificultando a digestão. Por outro lado, a atividade física, principalmente a movimentação das pernas (caminhadas, por exemplo), aumenta o peristaltismo. É por isso que o automóvel e o escritório contribuem para o aparecimento da PV.

2. *A influência do aspecto psíquico na PV*

Nós, seres humanos, não vivemos apenas esta realidade cotidiana, assunto do interesse dos jornais e das revistas de notícias. Pertencemos a dois mundos em um só tempo: existimos e atuamos no mundo dos acontecimentos do dia-a-dia e também no mundo mítico. Todos os nossos atos conscientes são a repercussão dessa vida mítica interior, e, por sua vez, a influenciam.

Podemos chamar esse mundo interior de *inconsciente*. Apesar de não estarmos a par do seu conteúdo, embora quase sempre não estejamos em contato consciente com seus aspectos, somos mais "inconscientes" do que "conscientes". O inconsciente representa uma porção muito maior de nós mesmos.

Desde que Freud chamou a atenção da ciência para esse aspecto fundamental de nós mesmos, continuamos desinformados acerca da enorme potencialidade desse "eu" ignorado. Devemos a Sigmund Freud a renovação do interesse pelos processos inconscientes. O desenvolvimento da sua teoria psicanalítica foi uma forma científica, ou melhor, cartesiana de reconhecer o fenômeno do inconsciente. Sem Freud, portanto, essa nossa dimensão teria ficado completamente esquecida, pois, a partir do século XVI, com o desenvolvimento da ciência, incorreu-se no equívoco de se desconsiderar tudo aquilo que não pudesse ser observável pelos nossos sentidos ou detectável pelos instrumentos de medida disponíveis.

O inconsciente de Freud se assemelha a uma arena onde se digladiam forças instintivas, muitas vezes assustadoras, vinculadas a aspectos patológicos. Jung, seu discípulo, afastou-se dessa visão, incluindo a experiência mítico-religiosa no seu conceito de inconsciente. Mais recentemente, os psicólogos ampliaram essa conceituação abrindo caminho à chamada quarta força em psicologia: a psicologia transpessoal. Esta, além de reconhecer a preocupação dos psicólogos humanistas com o crescimento pessoal e a autodeterminação, tem especial interesse pelos aspectos espirituais do indivíduo.

Assim, a psicologia fez jus ao próprio nome, pois significa estudo da alma (*psique*, do grego, significa *alma*). Jung foi, por assim dizer, o patrono dessa nova psicologia, mas Abraham Maslow e Roberto Assagioli, entre outros, tiveram papel essencial no seu desenvolvimento e reconhecimento, dados os seus numerosos e respeitáveis trabalhos.

Esse movimento cresceu rapidamente, atraindo a atenção da classe científica. Mesmo sem ter um líder carismático, apresenta nomes de força e reconhecimento como Stanislav Grof, atual presidente da International Transpersonal Association e responsável pela organização de suas reuniões, Geir Vilhjamssen, Leo Matos e Pierre Weil[24]. A grande contribuição desse movimento é resgatar a visão espiritual do ser humano. A tendência dominante no meio científico era, e infelizmente ainda é, a de ver o ser humano como um complexo conjunto de interações químicas, físicas e, na melhor das hipóteses, sociais. Ele não era visto como um indivíduo autônomo, como viram os psicólogos humanistas, nem tampouco como um ser constituído de uma parte inefável, conforme julgam os psicólogos transpessoais.

Grof [24] alerta que as teorias científicas são modelos conceituais criados para ordenar os dados acerca da realidade, que em determinado momento dispomos. Essa definição não dista muito da maneira com que o célebre antropólogo Joseph Campbell[25] define os mitos da humanidade. Assim, à medida que desenvolvemos nossos conhecimentos, os paradigmas científicos vão sofrendo mudanças, assim como as teorias deles derivadas.

É assim que se apresenta neste momento uma situação que parece uma volta ao passado. A psicologia e a física parecem convergir para uma postura religiosa frente ao mundo. Ledo engano. Nesse campo não há retorno. O que acontece é um fenômeno que foi bem descrito, no IX Congresso Brasileiro de Medicina Psicossomática, pelo psicólogo paulista Nelson Coutinho, com quem tive o prazer de partilhar uma mesa redonda. Segundo o dr. Coutinho, a humanidade atravessou um largo período centrada na visceralidade, em que a sexualidade e a alimentação eram os aspectos mais emergentes. Mais tarde, voltou-se, de maneira um tanto neurótica, aliás, à esfera do intelecto. Agora, sem deixar de reconhecer a visceralidade e a intelectualidade, estamos caminhando para uma visão mais centrada no "coração", mais sintética e participativa. Não se trata de uma regressão, de uma fuga para o passado distante e mítico (no mau sentido). É um revisitar o nosso passado, com a nova consciência de que somos co-criadores dos processos que vivemos e conhecemos.

O reconhecimento de que somos seres dotados de, pelo menos, dois aspectos, um consciente e outro inconsciente, tem descortinado novas paisagens para a humanidade. Elas se ampliaram ainda mais com o conceito de que o inconsciente pode ser dividido, para efeito de estudo, em várias partes. Tomaremos o ponto de vista adotado por Angela Maria La Sala Batà[26]. Como podemos ver na Fig. 10, o campo da nossa consciência está inscrito no amplo, e na verdade ilimitado, círculo do inconsciente coletivo. Além da consciência, o inconsciente possui outras partes, das quais destaco o subconsciente, objeto de estudo de Freud, e o supraconsciente, depositário de nossas

Figura 10. Uma representação do ser. A planta sobre a terra é o ego; onde o tronco se aproxima da raiz é o pré-consciente; as raízes são o inconsciente. Essas raízes, nesta alegoria, ascendem, além de se aprofundarem na terra, que não aparece. Elas são o subconsciente (embaixo) e o supraconsciente (em cima).

maiores potencialidades: nossas energias superiores. Os mitos, as religiões, as histórias contadas à noite ao redor da fogueira, ou na cama, por nossos pais, avós, pajés, trazem ao nosso consciente essas partes de nós, cujos aspectos terríveis e também numinosos nos ajudam a ser seres completos. É esse lado oculto que nos conduz. Quanto mais o negamos, menos felizes somos, mais intensamente se manifestará na nossa vida a mecanização confortável, segura, alienante e desumanizante. Cada manifestação no nosso corpo físico é um reflexo desse mundo interno mítico (no bom sentido).

Vimos anteriormente explicações científicas que tratam de demonstrar como se desenvolve em nós o processo de PV. Concomitantemente, outros aspectos estão em jogo. Aspectos não-palpáveis, mas nem por isso menos poderosos.

Todos nós sabemos que o arco-íris é o resultado da decomposição da luz solar ao passar pelas gotículas de água da atmosfera. Isso é verdadeiro, mas não é tudo, pois o arco-íris também tem um sentido simbólico para nós: é o arco da aliança[27]. O arco-íris é um símbolo. Tomemos de Jung a definição de símbolo[28]: qualquer elemento da nossa vida que tenha, além do seu evidente significado intrínseco, um outro, que nós adicionamos. O arco-íris, um "mero" fenômeno natural, adquiriu para nós, educados na tradição judeu-cristã, o significado que a Bíblia nos ensina: o arco descrito no céu, lembrando-nos da aliança, da comunicação que há eternamente entre nós e o criador de todas as coisas.

Muitas outras coisas se revestem de significados simbólicos. Estabelecer significados simbólicos é inerente ao ser humano. Aquela parte interior que há em nós se comunica de forma simbólica. Por quê? Porque as realidades transcendentais, a realidade mais ampla, que está além dos nossos meros sentidos de observação, não pode ser descrita com palavras ordenadas linearmente. Faz-se necessária uma linguagem especial: a linguagem do símbolo.

Quando um poeta entra em estado de inspiração, usa palavras corriqueiras de uma forma completamente nova. As palavras em si têm o seu significado, porém, a ordenação e a utilização poética as carregam de um significado tocante, seja do ponto de vista emocional, seja do espiritual. Quando Caetano Veloso diz "Luz do sol, que a folha traga e traduz..." ele expressa uma realidade biológica, não há dúvida, mas também sugere a quem é receptivo uma carga de sentimento e de emoção. Há uma ampliação do significado do fenômeno biológico. Ele visceraliza a informação e, se atentarmos bem, carrega-a de verdade, pois toda descrição da realidade é uma interpretação. O cientista se esforça para se afastar da realidade, para ser isento e não-participativo, a fim de não interferir no objeto de estudo. No entanto, ao descrevê-lo, sempre o fará conforme o seu próprio ponto de vista, segundo a forma como o vê. Ora, no ser humano há também um lado emocional (como exemplo), e se o cientista não o expressar seu documento descritivo será incompleto. Pode-se argumentar que o cientista tem interesse em descrever o objeto tal como ele é. Mas será isso possível? Nós só observamos e só apreendemos a realidade através dos nossos sentidos e dos nossos conceitos e preconceitos, do nosso aprendizado, da nossa história. O "tal como ele é" estará sempre contaminado com o "tal como nós o vemos". Os estudos da mecânica quântica, desde Niels Bohr[29], têm nos aberto a possibilidade de que, na verdade, observar e descrever podem representar o participar do ato criativo. Embora pareça misticismo, tudo indica que somos nós que criamos ou, pelo menos, co-criamos a realidade. Instigante, não é mesmo?

Estamos mergulhados em um mar de símbolos. Tudo ao nosso redor se reveste de significados especiais, além do significado que lhe é intrínseco. Também as diversas partes do nosso corpo adquirem esse caráter. Muitos psicólogos se especializaram na leitura corporal, pois os nossos traumas refletem na conformação do corpo físico e nas nossas posturas[30].

Georg Groddeck dizia, referindo-se à atuação morfogênica desse nosso lado secreto, que "o ato inconsciente tem uma forte influência plástica sobre os processos somáticos, o que não ocorre com o ato consciente"[34], e Angel Garma nos ensina que as modernas investigações científicas e o aprofundamento do conhecimento acerca do psiquismo humano fez-nos reconhecer que "todo processo corporal tem seu lado psíquico"[32]. Quero ir um pouco mais adiante, reconhecendo não apenas aquilo que a psicanálise nos legou, mas acrescentando também a contribuição da psicologia transpessoal, segundo a qual os sintomas físicos, além do seu caráter meramente biológico, podem representar uma forma de conhecermos aspectos da relação entre a nossa personalidade e a nossa alma. Nossas resistências aos influxos anímicos podem ser registradas simbolicamente no corpo como processos mórbidos[26][33].

A distribuição dos processos físicos deve obedecer a uma ordem interna, que corresponde à dinâmica da nossa evolução espiritual.

Assim como qualquer parte do nosso corpo, o aparelho digestivo e, mais especificamente, o intestino grosso, tem um caráter simbólico. Os eventos digestivos são análogos ao processo de aquisição de informação que ocorre em nosso sistema nervoso central. Assim como a nossa mente processa informação, o aparelho digestivo também o faz, só que essa informação nos chega sob a forma de alimentos. Ora, no processo de estabelecimento do significado simbólico, a mente participativa (local dessa ocorrência) associa aquilo que será simbolizado a coisas que tenham alguma correspondência analógica com ele.

O intestino delgado tem a tarefa de tomar toda informação (alimentos) decodificada pela boca, estômago e duodeno, e proceder a sua análise com vistas a aproveitar (absorver) certas partes e eliminar outras. Essa tarefa corresponde ao que faz a mente analítica quando estabelece critérios de hierarquia de valores e prioridades para classificar as informações provenientes do mundo exterior. O intestino delgado ficaria, assim, com a carga simbólica de ser o consciente ou o aspecto analítico da nossa mente integral. O intestino grosso, por sua vez, corresponderia ao nosso inconsciente.

Apenas para esclarecer, quero fazer um parêntese aqui para dizer que, como Joseph Campbell[25], não considero a cabeça (o cérebro) o órgão gerador de consciência. Ela está em todo o corpo, cabendo ao cérebro orientar a consciência em determinada direção.

Voltando ao estudo do simbolismo, se o intestino grosso corresponde ao inconsciente, as fezes simbolizam os conteúdos do inconsciente. A eliminação das fezes representa a exposição dos nossos aspectos inconscientes. Quiçá por isso muitas crianças pequenas não aceitam defecar senão na presença de pessoas em quem elas confiam plenamente[32]. Na nossa sociedade, em que as funções intelectivas são tão valorizadas que experimentamos um verdadeiro pavor por tudo aquilo que não pode ser controlado ou pelo menos informatizado, classificado, definido com cômoda claridade, os obscuros caminhos do inconsciente e seus produtos geram, no mínimo, medo de algum mal-estar. As pessoas que apresentam quadros de PV estão entre as que têm medo do que o inconsciente pode trazer. O interessante é que, ao prevenir-se contra os "monstros" do inconsciente, privam-se do divino em si mesmos.

Os sintomas desagradáveis da PV são uma das evidências de que não podemos ser apenas assépticos analistas distantes da "animalidade" visceral do mundo. Somos cabeça, mas também somos vísceras, com seu calor, fermentação, movimentos peristálticos quase serpentiformes, que criam, mantêm e procriam a vida. Lembremo-nos também de que entre o pólo da cabeça e o pólo ventral, está o centro cardíaco, que não nega as funções anteriores e cuida para que atuem juntas em prol da realização do ser humano como uma totalidade.

Um outro aspecto interessante do simbolismo dos dejetos digestivos e dos órgãos envolvidos encontramos na relação entre as fezes e o dinheiro. Essa relação, contudo, já é antiga. Do ponto de vista psicanalítico, o dinheiro tem correspondência com as fezes[32] [34]. Isso é visto de modo literal em certas catedrais medievais adornadas com esculturas de um homem defecando moedas.

Essa associação entre fezes e dinheiro não deveria causar espanto, já que ambos designam valor. Os excrementos são receptáculos de força. Entre os bambaras, grupo tribal africano, os excrementos são queimados e lançados ritualisticamente no rio Níger em oferenda ao deus Faro, divindade organizadora do planeta. Assim, os veneradores de Faro esperam que ele possa restituir-lhes as forças presentes nas fezes, devidamente purificadas, em forma de chuva[34].

O dinheiro também é um símbolo de força, de poder, de bens, num amplo sentido[34]. As fezes e o dinheiro também estão vinculados à avareza, à ganância de guardar ou prender-se ao mundo da matéria. A PV é freqüente em pessoas que sentem dificuldade para permitir a fluidez natural da energia do dinheiro. É digno de nota o fato de que na nossa sociedade as palavras de Jesus não fazem parte do cotidiano, como, por exemplo, "Olhai os lírios do campo, que não tecem nem fiam, porém Salomão em toda a sua glória jamais vestiu-se como um deles" ou "As aves do céu não semeiam, nem colhem, nem guardam em celeiros, mas o Pai que está nos céus sempre lhes provê". Sabemos o valor de se prevenir, de estar atento para não deixar que a nossa energia se esgote sem cuidado, mas não estamos acostumados a confiar na Providência. Jean de Léry nos conta que um índio tupinambá um dia lhe perguntou para que os franceses, que chegaram ao Rio de Janeiro com Nicolau Durand de Villegagnon, queriam o pau-brasil. Léry explicou que aquela madeira era comprada por um homem rico na França, que a estocava ou vendia para guardar o dinheiro. — E para que estocar?, perguntou o índio. Jean de Léry respondeu-lhe que era para guardar para os seus herdeiros. O índio, então, retrucou que o mesmo Deus que providenciava para ele, também providenciaria para o filho dele o alimento e os valores. O escritor, que era cristão calvinista, reconheceu que aquele homem "dito" selvagem tinha mais sabedoria e confiança em Deus do que ele mesmo, um homem versado na religião[36]. A nossa sociedade nos ensina a poupar, e nisso não há nenhum mal, mas nos induz sub-repticiamente à avareza, apesar de oficialmente condená-la.

Quem sofre de PV deve meditar sobre esses pontos e considerá-los parte do seu processo de cura.

CAPÍTULO II

O Tratamento da PV

Pelo que foi exposto anteriormente, está claro que o tratamento da PV implica a mudança de hábitos inadequados. Esses hábitos, muitas vezes firmemente arraigados, relacionam-se não só com a nossa alimentação, mas também com a nossa maneira de pensar. Por isso, a primeira pergunta que o paciente com PV deve fazer a si mesmo é:
— Eu quero realmente me curar?

Todo mundo diz que quer se curar das suas mazelas, mas freqüentemente elas são uma parte tão forte de nós mesmos que tememos nos desvincular do sofrimento e, assim, perder um dos nossos pontos de referência. Além disso, os hábitos são mais difíceis de trocar do que roupas.

As pessoas que apresentam os desagradáveis sintomas da PV, ou que já padecem dos males dela derivados, irão experimentar um crescente bem-estar à medida que progredirem no tratamento.

Todo tratamento está centrado nos temas abordados anteriormente e está firmemente calcado na vontade individual de sair desse processo. Serão necessárias mudanças na alimentação e em outros hábitos, e quanto mais sério ou antigo for o quadro, mais incisivo será o tratamento.

Para facilitar a exposição do tratamento, proponho um núcleo básico que será usado em todos os casos de PV. Em primeiro lugar, explicarei cada um dos procedimentos indicados nesse núcleo. Em seguida, proporei terapêuticas complementares que poderão ser incluídas ao tratamento caso o paciente tenha disponibilidade de tempo, persistência para cuidar de si mesmo ou vontade de fazer algo mais. O núcleo básico deverá estar presente em toda orientação que trate de PV. No final, voltarei a comentar os aspectos psicossomáticos, que devem permanecer durante todo o tempo como pano de fundo, dada a sua importância.

O núcleo básico do tratamento de PV é:

1. Alimentação
2. Farelo de trigo
3. Estabelecer horário para defecação (ritual)
4. Seqüência de lavagens intestinais

1. *Alimentação*

Já conhecemos o papel da alimentação pobre em fibra dietética na gênese da PV. Por isso, vamos dedicar especial atenção aos alimentos ricos dessa substância. Não podemos nos esquecer da digestibilidade, das combinações alimentares, etc. Aqui vai uma proposta de alimentação que leva em conta todos esses fatores:

Em jejum: Sementes de linhaça e quatro ameixas remolhadas. Para preparar, basta colocar, na noite anterior, uma ou duas colheres de semente de linhaça e quatro ameixas secas em um copo e acrescentar água até cobri-las. Na manhã seguinte, ao tomar, não é necessário mastigar as sementes. Mastigue apenas as ameixas. As sementes de linhaça, durante a noite, empapam-se de água e liberam uma espécie de mucilóide que atua favoravelmente sobre a musculatura do aparelho digestivo, influenciando a motilidade. As ameixas contêm substâncias que também incentivam a dinâmica digestiva. Caso não seja possível encontrar sementes de linhaça, deve-se utilizar apenas as ameixas.

Desjejum: Comece comendo uma fruta. Todas elas têm um maravilhoso papel na alimentação e algumas contribuem de modo extraordinário para a cura da PV. As frutas ajudam muito na manutenção de um pH ideal no intestino grosso, normalizando a sua peristalse, e fornecem vitaminas e minerais ao organismo, tornando-o mais equilibrado e regulando o funcionamento dos intestinos. As frutas também são facilmente digeríveis.

Por serem excelentes fontes de fibra dietética, comece sua alimentação com mamão, pinha, aticum, jaca, maçã, pêra, manga, (Ah! a deliciosa manga!), sirigüela, kiwi, abacaxi, melão, goiaba, carambola, nectarina, pêssego, jambo, tangerina, maracujá, laranja, genipapo, uva, caju, damasco, melancia, melão, lima, sapoti, tamarindo, groselha, cajarana, morango, amora, etc. Alguém pode se queixar de pouca variedade?

As frutas mais recomendáveis para quem está tratando da PV são:

Mamão: Além de ter fibras, contém enzimas que auxiliam a digestão. Por isso é particularmente recomendado àqueles que sofrem de dispepsia (dificuldade na ingestão estomacal) e gases.

Manga: Rica em vitamina A, essa fruta tem muita fibra. Para aproveitar suas fibras ao máximo, em vez de chupá-la, deve-se comê-la com bagaço.

Sirigüela: É bom tomar cuidado, pois pode soltar demais o intestino.

Laranja: Deve ser comida com bagaço, inclusive com a parte branca. Assim, aumenta-se o teor da fibra ingerida, além de se aproveitar a vitamina C do suco e a B1 do bagaço. A tangerina tem as mesmas propriedades medicinais da laranja. A lima também, no entanto, é pobre em vitamina C. Por outro lado, é excelente para o estômago.

Essas são as frutas principais; no entanto, nenhuma fruta deve ser desprezada. Por ser usada no tratamento das diarréias, a maioria das pessoas acredita que a maçã prende o intestino. É bom que se esclareça que ela não é proibida. Como a banana, deve ser consumida quando estiver bem madura.

É freqüente as pessoas se queixarem de gases ao consumir na mesma refeição frutas ácidas e frutas doces. Para facilitar a digestibilidade, convém que essas frutas não sejam consumidas juntas.

Para melhor identificar as frutas ácidas e as doces, consulte a tabela abaixo:

Frutas ácidas: laranja, limão, abacaxi, tamarindo, genipapo, carambola, maracujá, kiwi, uva azeda, tangerina, cajarana, maçã verde, morango, nêspera, groselha.

Frutas doces e semi-ácidas (não apresentam problema se consumidas juntas): mamão, banana, maçã, pêra, pêssego, jaca, pinha, fruta-do-conde, uva doce, araçá (goiaba), sapoti, jambo, manga, melancia, melão, damasco, figo, jamelão, lima, nectarina.

O abacate é considerado uma fruta neutra.

As frutas ácidas também não devem ser combinadas com amidos (aipim, pão, aveia, inhame). O amido necessita da ação da ptialina, que é inibida pelas substâncias ácidas dessas frutas. Se o amido não se transformar sob a ação da ptialina, ele fermentará de forma inadequada nos segmentos posteriores do aparelho digestivo. Por isso, o habitual sanduíche com suco de laranja não é uma combinação recomendável.

Existe uma classe especial de frutas, as oleaginosas, que também podem ser consumidas no desjejum. Essas frutas, ricas em gorduras essenciais (ácido linolênico, ácido linoléico, ácido aracdônico), são de boa digestão quando não são consumidas em excesso. Exemplo: nozes, amêndoas, coco, avelãs, castanha-de-caju, tâmara, castanha-do-pará, ouricuri, etc.

Depois das frutas, ou junto com elas, pode-se consumir (contanto que a quantidade de frutas supere a dos outros alimentos):

Coalhada ou iogurte: são produtos de boa digestibilidade que melhoram a peristalse do intestino grosso, agindo de forma benéfica sobre o seu pH e a sua microflora. Além disso, são fontes de proteínas de alto valor biológico e de vitamina B12, entre outros nutrientes.

Pão integral: de preferência tostado, esse pão tem mais fibra que o pão branco, que é paupérrimo em nutrientes e em fibra dietética. Se preferir, você pode substituir o pão por aipim, rico em fibra, inhame e outros feculentos. É preferível usar, em vez de manteiga, ricota ou queijo fresco.

Para adoçar, use o mel ou o melaço de cana, pois o açúcar comum é considerado um fator negativo no tratamento da PV.

Resumo

Desjejum: Muita fruta, ácida ou doce, acompanhada ou não de cereais integrais ou de feculentos, coalhada ou iogurte. Adoçar com mel ou melaço.

Para facilitar seu tratamento, aqui vai uma sugestão para o seu cardápio matinal: Uma salada de frutas doces, com uma taça de iogurte, adoçado com mel. Como acompanhamento, aipim ou inhame com um pouco de manteiga. Se quiser, acrescente banana-da-terra cozida. Outra idéia: banana bem madura amassada com aveia e mel, acompanhada de pão integral tostado com ricota. Se ainda sentir fome, acrescente mamão e outras frutas doces.

Almoço: As saladas cruas devem ser o prato principal desta refeição. Nem sempre valorizadas, as saladas são uma excelente fonte de fibras, principalmente quando cruas. Como as frutas, também fornecem vitaminas e minerais como principais aportes nutricionais. Isso não quer dizer que as frutas e verduras também não forneçam proteínas[37]. A salada deve constituir 50% da refeição, mas, se a pessoa não está habituada a comer salada crua, deve começar aos poucos para ir acostumando seu paladar. É importante não comer todos os dias a mesma salada (com todas as verduras cruas disponíveis, por exemplo), pois isso pode se tornar uma rotina maçante. Procure variar as saladas. No primeiro dia almoce repolho, tomate e beterraba; no segundo dia, alface com cebola e cenoura ralada e, no terceiro, tabule.

Receita de tabule: Deixe de molho por 30 minutos duas xícaras de triguilho (ou trigo de quibe). A seguir, esprema suavemente o trigo para tirar o excesso de água e misture-o com alface picada, couve cortada bem fina, maçã em cubos bem pequenos, hortelã e salsa a gosto. Na hora de servir, regue com um pouco de azeite de oliva, sal ou molho de soja. É uma delícia!

Para temperar as saladas, use cebola, orégano, salsa, cebolinha, aipo, pimentão, sal marinho (pouco), molho de soja (pouco), azeite doce ou óleo de milho, girassol ou arroz. Um exemplo de tempero muito gostoso: uma xícara de iogurte ou coalhada, um dente de alho bem amassado com sal, uma colher de sopa de óleo, uma colher de sobremesa de orégano. Misture tudo e bom proveito.

O abacate pode ser um inesperado tempero para salada. Nos países americanos de língua espanhola, come-se abacate com sal e não com açúcar, como no Brasil. Corte cebola em cubinhos bem pequenos, amasse um abacate e acrescente salsa e sal. Misture esse tempero com salada de alface, tomate e cenoura ralada.

Depois da salada, segue-se o prato quente, que pode ser um cereal integral (arroz, trigo, milho, mourisco, painço), verduras refogadas, cozidas no vapor, em purês ou suflês. Algumas pessoas, equivocadamente, só consideram verduras as folhas, e não as raízes. Para desfazer a confusão, aqui está uma tabela de verduras:

Folhosas: alface, couve, repolho, folhas de beterraba ou de rabanete, acelga, repolho, agrião, bertalha, chicória, beldroega, manjericão, bredo (caruru), coentro, hortelã, mostarda.

Caules: aspargos, aipo, salsão e palmito (caso seja em conserva, prefira as que contenham apenas água e sal e venham em embalagem de vidro).

Bulbos: cebola, funcho, cebolinha, alho.

Flores: couve-flor, brócolis, alcachofra.
Raízes: cenoura, beterraba, rabanete, bardana, nabo.
Raízes feculentas: batata inglesa, cará, inhame, aipim, batata-doce, mandioquinha.
Frutos: pepino, tomate, chuchu, abóbora, pimentão, maxixe, jiló, quiabo, banana-da-terra, berinjela.
Outros: vagem, cogumelos.
As verduras que mais se destacam no tratamento da PV são a cebola e a abóbora.

Ainda pode ser acrescentado ao almoço, ovo (cozido ou como parte de alguma receita), feijão verde (feijão-de-corda) ou qualquer leguminosa brotada. As leguminosas são os feijões em geral, como lentilha, ervilha, grão-de-bico, feijão preto, feijão mulatinho, andu, mangalô, feijão fradinho, fava, alfafa. Como foi dito anteriormente, quando secas, as leguminosas só complicam a PV. Quando brotadas, isso não acontece. Para fazê-las brotar, deixe-as na água durante a noite. No dia seguinte, coloque-as para escorrer em um escorredor de macarrão, coberto com um pano para abrigá-las da luz (para não endurecer). Lave-as todos os dias, mantendo-as no escorredor, ao abrigo da luz. Se o local for quente, lave-as duas vezes ao dia. Quando brotar, prepare-as de acordo com a sua preferência.

Alguns leitores já devem ter estranhado a ausência de carne neste cardápio. A meu ver, a carne é prejudicial a qualquer pessoa[37] [38] [39] [40], mas, no caso específico de quem sofre de PV, quero lembrar que as carnes (de boi, carneiro, porco, peixe, galinha, etc.) são desprovidas de fibra dietética, alcalinizam o intestino grosso, reduzindo a peristalse, inibem a multiplicação de lactobacilos bifrigens (bactérias normais do intestino grosso), etc. Existem também motivos sociais e espirituais que desaconselham o consumo de carne, mas esse assunto escaparia do tema deste trabalho.

Está claro que, se a pessoa que está se tratando de PV não suporta viver sem o seu bife, devemos respeitar-lhe os desejos. Cumpre-nos somente reiterar os malefícios da carne para que seja consumida em quantidade reduzida. Repito: o melhor é não comer carne.

> *Resumo*
>
> Começar o almoço com uma salada crua, que represente cerca de 50% da refeição. Depois, comer cereais integrais com verduras cozidas de diversas maneiras. Pode-se acrescentar à refeição ovo cozido e leguminosas brotadas ou verdes.

Jantar: A pessoa poderá optar por uma refeição nos mesmos moldes do desjejum ou, se preferir, baseada em verduras, como no almoço. Caso escolha a primeira opção, dê preferência às frutas que contribuam com o tratamento da PV. Caso opte por verduras, habitue-se a tomar à noite uma sopa de cebola com abóbora, pois esse legume é bastante laxante.

Com essa alimentação, o paciente em tratamento terá todos os nutrientes necessários e, além disso, estará ingerindo os alimentos que mais contribuem para um melhor funcionamento do sistema gastrintestinal.

2. *Farelo de trigo ou de arroz*

A pediatra Clara T. T. Brandão vem desenvolvendo um trabalho com crianças subnutridas, em que o farelo de trigo ou de arroz desempenha um importante papel. Ela não apenas nos informa sobre o seu valor nutritivo, mas também do seu papel no tratamento da PV, por ser muito rico em fibra dietética[41].

Acrescente duas colheres de sopa de farelo de trigo a cada refeição. Depois de regularizado o intestino, reduza para duas colheres por dia, a menos que não seja possível manter uma alimentação integral, como a descrita anteriormente. Uma alimentação rica em frutas, verduras e cereais integrais já tem a quantidade de fibra necessária para o bom funcionamento intestinal. Mesmo assim, no início do tratamento é recomendável consumir o farelo conforme foi dito acima.

Porém, não se entusiasme demais. Há uma tendência generalizada para se eleger periodicamente uma atividade, uma medicação, uma planta medicinal ou um alimento como panacéia universal. A leitura sobre as vantagens do farelo de trigo tende a gerar um entusiasmo exacerbado em relação a esse produto, como se ele fosse capaz de, sozinho, curar todos os males, sem que houvesse a mudança de outros hábitos prejudiciais. O valor do farelo é indiscutível (já vimos o papel da fibra na prevenção de diversos males), mas o seu consumo excessivo não será benéfico. Existem relatos de formação de gases, inibição da absorção de minerais, como o magnésio, o zinco, o fósforo, o cálcio, etc. em casos de uso abusivo de fibras na alimentação[42], o que só ocorre com a ingestão de farelo de cereais em excesso. O consumo de uma alimentação integral não traz essa preocupação.

3. *Estabelecer horário para a defecação*

Esta talvez seja a mais imprescindível recomendação para quem quer superar a PV. Já disse anteriormente que o nosso corpo gosta de rituais. Ritual sempre implica ritmo. Se ao ritmo se agrega a concentração, o efeito e o significado do ritual serão muito mais profundos. Estabelecer um ritmo é o que proponho aqui. Escolha um horário e tente defecar todos os dias nessa hora. Sente-se pacientemente e espere. Um dia, outro dia e mais outro. Os resultados talvez não cheguem de imediato. Pode ser que demore mais de uma semana, porém é importante procurar o vaso sanitário, todos os dias, no mesmo horário. Não é preciso fazer muito esforço para defecar. Basta aguardar e, de vez em quando, massagear a barriga, simulando uma força. Se nada acontecer, não tem problema. Tente no dia seguinte. É assim que se refaz o ritmo perdido e se restabelece o rito. O reflexo da defecação volta a existir.

Lembro-me de uma jovem senhora que me procurou para que lhe acompanhasse a gestação e o parto. Queixou-se de que, em toda a sua vida, sofrera de PV. Estava preocupada com essa sua segunda gravidez, pois sabia, pela experiência anterior, que o seu quadro intestinal se agravaria. Além de orientá-la quanto à sua alimentação, insisti para que estabelecesse um horário para defecar. Ela alegou falta de tempo, pois trabalhava fora. Por fim, decidiu experimentar e, até hoje, tem o prazer de dizer que se libertou da PV durante a gestação, embora isso parecesse impossível.

O fato de se ir ao banheiro todos os dias no mesmo horário desencadeia um processo educativo nos intestinos, que, aos poucos, acostumam a se mover nesse horário. A partir de um determinado momento, não é mais necessário lembrar-se de ir ao banheiro, pois o próprio organismo anuncia essa necessidade.

Você pode escolher qualquer horário para defecar. Ele depende apenas da sua disponibilidade de tempo. Porém, o melhor horário é aquele que coincide com o seu reflexo natural. Por isso, para aproveitar o reflexo gastrintestinal adormecido, procure ir ao banheiro após uma das refeições. Entre cinco e sete horas da manhã também é um bom horário, pois é quando o intestino grosso está mais predisposto a eliminar o seu conteúdo. De acordo com a acupuntura, é nesse horário que o meridiano do intestino grosso está com a energia chi (ki). No entanto, o melhor horário é aquele em que a pessoa dispõe de tempo e não fica ansiosa por causa dos compromissos.

Algumas pessoas gostam de ter à mão uma revista ou livro para ler enquanto esperam. Esse hábito pode ser benéfico, pois relaxa. No entanto, os que sofrem de PV, por estarem predispostos a ter hemorróidas, devem tomar cuidado para não se demorar demais no vaso, absortos na leitura, e assim agravar o quadro das varizes retais.

Tão logo o organismo comece a responder ao ritmo estabelecido e comece a ocorrer a evacuação diária sem dificuldade, pode-se estabelecer outro horário para que o intestino possa liberar seu conteúdo pelo menos duas vezes por dia.

4. *Seqüência de lavagens intestinais*

Os antigos egípcios chegaram a uma interessante conclusão ao comparar as vísceras humanas com os canais de irrigação que usavam na agricultura. Assim como o entupimento desses canais provocava problemas para os agricultores, por impedir que a água e o húmus chegasse às terras cultivadas, o entupimento dos intestinos pelas fezes poderia prejudicar o funcionamento dos "metu" (canais que, segundo eles, ligavam o coração aos órgãos, levando sangue, ar, etc., e correspondiam, mais ou menos, aos vasos sangüíneos). Conforme mencionam alguns papiros, havia nas camadas superiores da sociedade egípcia, muito estratificada, pessoas que levavam uma vida bastante sedentária e cometiam excessos alimentares. A PV, portanto, não lhes era desconhecida. Para os médicos do antigo Egito, o funcionamento do intestino era muito importante. Havia, inclusive, um médico especialista, muito respeitado, cujo título era "Guardião da extremidade do intestino real" (papiro de Ebers). Era esse médico que cuidava das obstruções intestinais do faraó.

Existe no Egito uma ave, o Íbis, que era considerada sagrada pelos antigos. Quando ela regressava ao vale do Nilo, em seus périplos migratórios, introduzia o seu longo bico cheio de água no próprio reto, fazendo um clister. Dizem que foi dessa maneira que os egípcios aprenderam a fazer lavagem intestinal. O papiro de Ebers, escrito por volta do ano 1500 a.C., nos ensina como fazer a lavagem intestinal, com base no que nossos antepassados aprenderam com essa ave[43].

Desde então, ou quem sabe até antes, já que nem todas as civilizações registraram seus costumes como os egípcios, a lavagem intestinal tem representado um papel importante nos meios terapêuticos de numerosos povos. Muito valorizada, ela podia ser feita com água pura ou com infusões de plantas ou azeites medicinais. Mais recentemente, porém, principalmente depois do aparecimento dos purgativos, a lavagem intestinal tem sido esquecida e até mesmo atacada.

A lavagem intestinal, também conhecida como enema evacuativo ou clister, consiste, como já mencionei, na introdução de água pura ou acompanhada de outros produtos no intestino grosso, com a finalidade de limpá-lo. (Apenas o intestino grosso passa por essa limpeza, pois a válvula ileocecal, que separa o intestino grosso do delgado, impede que a água penetre neste último.) Atualmente é utilizada em medicina como procedimento pré-cirúrgico ou pré-parto, e também no estudo radiológico do intestino grosso (enema baritado). Nesses casos, é preciso que se provoque a repleção forçada do intestino, o que torna essa experiência geralmente desagradável. Muitas vezes também se adiciona glicerina à água, o que provoca cólicas.

Na lavagem intestinal proposta aqui, só será utilizada água, de preferência fria. A adição de qualquer outra substância à água só será tratada mais tarde, mas quero ressaltar, desde já, que não serão utilizadas substâncias irritantes ou que provoquem contrações excessivas no cólon. O preenchimento do intestino só será feito até onde a pessoa se sinta bem, ou seja, dentro dos limites do conforto.

O principal motivo para a utilização do clister é a sua capacidade de limpar o intestino sem danificá-lo. Enquanto os purgativos atuam sobre a parede do intestino, obrigando-o a movimentos potentes para se ver livre da agressão, a lavagem intestinal apenas faz uma suave limpeza nas paredes desse órgão, que realiza seus movimentos excitado apenas pelo volume do líquido.

É interessante complementar que os purgantes contribuem para a manutenção da PV. O mesmo ocorre com a maioria dos laxantes encontrados no mercado, que não passam de purgantes suavizados. Eles irritam a mucosa, levando a uma motilidade exagerada da víscera. No dia seguinte, no entanto, como acontece nos casos de diarréia por ingestão de alimentos contaminados, o intestino tem que parar para descansar da agressão. Esse descanso pode durar vários dias, perpetuando assim a PV.

É importante que se faça uma seqüência de lavagens, pois, muitas vezes, os intestinos conservam fezes bastante antigas, que aderem às suas paredes e precisam ser dissolvidas aos poucos. Quase sempre proponho uma seqüência de nove lavagens em dias alternados, ou sete lavagens todos os dias[44]. Com essas seqüências ocorrerá uma limpeza profunda do cólon. Fezes antigas e endurecidas aos poucos vão se deslocando.

Certa vez, por exemplo, propus essa seqüência de lavagens a uma turma de estudantes de naturismo para que observassem em si mesmos os efeitos do procedimento. Uma das alunas sentiu incômodos no baixo-ventre após a quarta e a quinta lavagens. Na sexta tentativa expulsou fezes escurecidas, com muco e odor muito desagradável. Essas fezes não eram recentes. Esse fato ocorre com relativa freqüência. Em outra ocasião, eu estava em Santiago (Chile), na clínica fundada pelo naturista Manuel Lezaeta, e acompanhava o caso de uma freira, vítima de PV, que se alimentava há quase um mês apenas com frutas. (Durante essa experiência, ela teve acompanhamento idôneo por um período determinado.) Suas fezes haviam adquirido uma textura e coloração normais depois de um certo período da dieta. Antes de iniciar essa dieta, ela se submetera a uma seqüência de enemas. Na décima segunda lavagem, de um total de quinze, eliminou fezes de um odor verdadeiramente horrível. As lavagens intestinais foram aos poucos amolecendo resíduos endurecidos e muito antigos que havia dentro do seu intestino. Esses excrementos presos diminuem o funcionamento dos plexos nervosos de Maissner e Ouerbach, que atuam na formação dos movimentos peristálticos. A lavagem desempenha um papel fundamental na liberação dos produtos tóxicos do sistema nervoso dessa região.

Experiências como as mencionadas acima são muito freqüentes nas pessoas que se submetem à seqüência de lavagens intestinais; no entanto, não são obrigatórias. Cada organismo tem a sua resposta, sua maneira de proceder.

É aconselhável associar a seqüência de lavagens ao hábito de ir ao banheiro sempre à mesma hora, todos os dias. Costumo recomendar às pessoas em tratamento que tentem defecar todos os dias entre as cinco e sete horas da manhã (por causa da energia chi, lembram-se?). Depois da primeira tentativa, conseguindo defecar ou não, deve-se fazer a primeira lavagem. Deve-se proceder da mesma forma durante nove dias, executando a lavagem dia sim, dia não. Geralmente, no final desse período, a pessoa estará defecando todos os dias.

Como fazer a lavagem:

Em primeiro lugar, convém fazê-la de estômago vazio para evitar sensações desagradáveis, como frio nas extremidades, enjôo e até mesmo vômitos. Por isso, depois de uma refeição leve, deve-se esperar duas ou três horas ou fazer a lavagem logo ao despertar. Recomenda-se que a pessoa esteja abrigada para que não sinta frio durante a lavagem.

O irrigador, aparelho usado na lavagem, pode ser encontrado em farmácias. Algumas pessoas preferem usar duchas (ou pêras) de borracha, porém, o desconforto que provocam e o volume insuficiente de água que comportam as tornam inadequadas.

Deve-se encher o irrigador com água pura, em geral fria, e pendurá-lo na parede a uma altura de cerca de um metro e meio do chão (caso a pessoa vá se deitar no chão sobre uma esteira ou cobertor). A seguir, deita-se sobre o lado esquerdo, com a perna direita levemente dobrada para a frente. Introduz-se a cânula, ou, se preferir, a sonda retal, no ânus, deixando que a água desça com a força da gravidade e penetre no cólon até que a pessoa o sinta cheio e tenha vontade de defecar, o que deve fazer em seguida. Depois que toda a água for expulsa (nem sempre com fezes), a pessoa deve se deitar sobre o lado direito e repetir o processo.

Resumo:
1. Deite-se sobre o lado esquerdo;
2. Aplique a cânula ou sonda;
3. Deixe a água correr até encher o intestino;
4. Evacue;
5. Deite-se sobre o lado direito;

6. Aplique a cânula ou sonda;
7. Deixe a água escorrer até encher o intestino;
8. Evacue.

Há quem recomende que a pessoa faça uma introdução inicial, deitando-se sobre o lado esquerdo antes de executar as prescrições acima. Não considero isso tão necessário, mas costumo recomendar que a pessoa tente defecar antes de proceder à lavagem.

A lavagem deve começar pelo lado esquerdo porque dessa maneira o cólon descendente, o sigmóide e o reto são limpos antes do restante do intestino grosso. Nesses locais, as fezes já estão endurecidas e não convém que retornem às partes anteriores, principalmente ao cólon ascendente, onde as fezes ainda estão líquidas. Em condições normais, o cólon ascendente, que recebe os restos digestivos do intestino delgado, não deve conter fezes endurecidas, que são agressivas para a sua mucosa. Alguns portadores de PV apresentam fecalitos nessa região, mas isso não é normal. (Os fecalitos são considerados, inclusive, causa de apendicite.) Se a lavagem se iniciar pelo lado direito, a água pode levar fezes endurecidas do cólon descendente para o cólon ascendente, o que seria contra a natureza.

A parte do aparelho que é introduzida no ânus, a cânula, deve ser esterilizada. Essa cânula vem acompanhada de uma torneirinha, que infelizmente quase sempre funciona de modo insatisfatório. Por isso, aconselho desprezar a torneirinha, colocando a cânula diretamente na borracha do aparelho. Para interromper o fluxo da água, basta dobrar o tubo de borracha, conforme mostra a Fig. 11.

Algumas pessoas se assustam com a seqüência de lavagens intestinais por achar que elas podem prejudicar a flora intestinal. Quero que fique bem claro que *essa é exatamente a intenção desse tratamento*. Como vimos anteriormente, numerosos estudos demonstram que existe uma perversão da flora intestinal na população

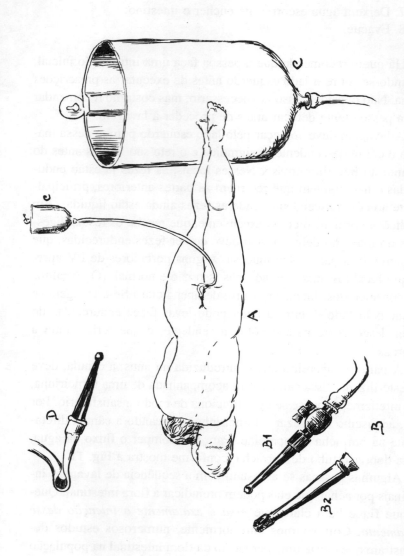

Figura 11. Lavagem intestinal. A: posição da lavagem; B: cânulas; B1: cânula retal; B2: cânula vaginal; C: irrigador; D: se a torneirinha da cânula não funcionar, dobre a borracha para deter o fluxo da água.

cujos hábitos alimentares são pobres em fibra dietética e rica em carne e gorduras. Essa é a alimentação das pessoas que vivem sob a égide da chamada civilização ocidental. No intestino dessas pessoas, as bactérias de putrefação tendem a superar em número as bactérias de fermentação láctea. Por isso é conveniente lavar o intestino, reduzindo a flora inadequada e dando condições, por meio da alimentação e de outros procedimentos, para que bactérias normais se desenvolvam. Essa recuperação é bastante rápida. Em poucas horas o intestino recompõe suas bactérias depois que são dadas as condições para tanto. Lembremo-nos que um bebê ao nascer não tem bactérias no seu trato digestivo, mas, algumas horas depois da primeira mamada, já apresenta nas fezes numerosas bactérias de fermentação láctea[45]. O mesmo ocorre com o adulto.

O uso de antibióticos de largo espectro, tão comuns hoje em dia, provocam um efeito devastador na flora intestinal, sem que, no entanto, se faça uma campanha de esclarecimento a esse respeito. Milhares de pessoas se automedicam com antibióticos e nem sabem o prejuízo que estão causando a si mesmas.

Há também quem acredite que a lavagem intestinal leva a uma perda de minerais, como o potássio. Isso realmente acontece, mas uma alimentação rica em frutas e verduras é capaz de repor facilmente essa perda. Basta uma banana ou um suco de laranja para recuperar o potássio perdido na lavagem.

Já vimos que nessas lavagens não é preciso mais nada além de água pura. Porém, em alguns casos, recomenda-se o uso de alguns agregados. Se a pessoa tem hemorróidas, é conveniente acrescentar a cada litro de água da lavagem meio copo de suco de limão. Nos casos em que há gases e cólicas em excesso, pode-se misturar chá de erva-cidreira na água da lavagem. Outras ervas medicinais podem ser utilizadas, conforme o quadro que a pessoa apresente no momento.

Também deve-se observar a temperatura da água, principalmente em casos de cólicas. Nesses casos, recomenda-se usar água não tão fria (a 25 graus Celsius). Uma vez desaparecidas as cólicas, deve-se retornar ao uso da água fria. Importante: em lugares frios, deve-se tomar cuidado para nunca usar água cuja temperatura esteja abaixo de 12 graus. Usar água a essa temperatura ou abaixo dela pode ser perigoso, com risco inclusive de sangramento digestivo. *Também não se deve fazer lavagens com água quente ou morna em pessoas portadoras de qualquer problema pulmonar.* Nesse caso, deve-se utilizar água fria e a pessoa deve estar agasalhada durante a lavagem. O uso de água morna só pioraria o quadro.

Conforme venho comentando ao longo deste livro, o intestino grosso é bastante agredido pelos maus hábitos alimentares, o que tem causado sérios problemas em nosso organismo. Distaso, um discípulo de A. Lane (o primeiro cirurgião a retirar com sucesso o intestino grosso de uma pessoa), ao reconhecer os efeitos do mau funcionamento do intestino grosso, chegou a sugerir, como procedimento de rotina, a extirpação dessa víscera na maior parte da população. Outros, com mais bom senso, sugeriram que seria melhor recuperar as condições normais do intestino e tudo fazer para mantê-las. A alimentação é o principal fator no tratamento, pois é ela que nos traz nutrientes para formar o nosso corpo, dotá-lo de energia e de substâncias que controlam o metabolismo. É o seu principal fator de recuperação em caso de doença, embora isso freqüentemente seja olvidado. As lavagens intestinais periódicas podem ser de grande ajuda para um intestino excessivamente agredido pelos nossos hábitos.

Em síntese, são estes os procedimentos principais para se libertar da PV:

Alimentação rica em fibras de boa digestibilidade, bem mastigadas, com alto teor de alimentos crus.

Fibra dietética extra sob a forma de farelo de trigo ou de arroz.

Estabelecimento de um horário diário para defecar.

Seqüência de lavagens intestinais.

Vejamos agora outros procedimentos de grande ajuda para quem realmente quer se livrar da PV.

Caminhadas diárias: O sedentarismo inibe a peristalse, ou seja, contribui para que o intestino não funcione. Qualquer atividade física regular contribui para o melhor funcionamento intestinal e pode tonificar a musculatura abdominal[46]. A pessoa em tratamento da PV pode escolher, dentre as inúmeras atividades físicas existentes, aquela que mais lhe convém e agrada. Tênis, natação, *jogging* — qualquer uma dessas atividades lhe será benéfica. Costumo recomendar caminhadas, por ser um exercício fácil e muito agradável. Qualquer um pode caminhar, embora a caminhada a que me refiro requeira um pouco mais de velocidade do que um simples passeio. O efeito será ainda melhor se a pessoa caminhar sobre a grama, de pés descalços, ao alvorecer.

Beber água: Para facilitar a ação das fibras, é necessário que se beba bastante água, já que ela representa mais de 74% das fezes normais. Se ingerirmos água em pequena quantidade, o organismo, para suprir suas necessidades, tratará de retirá-la dos alimentos, economizará urina, tornando-a mais concentrada, e obrigará o intestino a retirar mais água das fezes que o normal. Por isso, convém beber em torno de seis copos de água por dia, mesmo que seja em forma de suco de frutas, sem açúcar, ou água de coco. Deve-se evitar, porém, os refrigerantes, que contêm açúcar e outras substâncias inadequadas ao bom funcionamento do organismo. Também não se deve tomar água durante ou logo após as refeições, pois haveria uma diluição dos sucos digestivos, reduzindo sua capacidade de atuação.

Procedimentos hidro e geoterápicos: As enzimas do nosso corpo funcionam melhor sob certas condições de pH e de temperatura, e na presença de nutrientes e de outras substâncias. A maioria das reações químicas tem sua velocidade acelerada com o aumento da temperatura. As reações químicas do nosso corpo, no entanto, começam a reduzir sua velocidade e eficácia à medida que a temperatura supera certos níveis[47]. Quando a pessoa tem PV, as putrefações que ocorrem no seu intestino, que são reações químicas exotérmicas (aumentam a temperatura), elevam a temperatura dentro desse órgão, inibindo a ação das enzimas. As enzimas são proteínas muito especiais que promovem as reações químicas do nosso corpo. Sem elas não acontece nada, nem mesmo a digestão. Se as enzimas digestivas tiverem seu funcionamento reduzido, a digestão fatalmente será mais lenta, criando um círculo vicioso: a PV de hoje provocará a PV de amanhã por causa do aumento da temperatura interna.

A hidroterapia é uma boa forma de quebrar esse círculo vicioso, pois ela reduz a temperatura interna e, por reflexo, estimula a peristalse. A água tem sido usada com fins medicinais há milênios, desde que existe a humanidade. Sua ação centra-se no fato de que ela funciona como um fator de estimulação. Sabe-se que o organismo de qualquer ser vivo precisa de estímulos para funcionar. Determinados estímulos atuam terapeuticamente sobre terminações nervosas específicas, liberando reações reflexas benéficas para a circulação e para o sistema imunológico ativado[39][47]. A hidroterapia é uma forma de fisioterapia. Quando um jogador de futebol machucado coloca uma bolsa de gelo sobre a área contundida, está praticando a hidroterapia sem o saber.

No tratamento da PV, a hidroterapia pode desempenhar um importante papel. Um procedimento hidroterápico muito eficiente nesse caso é o chamado banho vital, em que a pessoa fricciona suavemente o baixo-ventre (porção do abdômen entre o umbigo e o púbis) com um pano de algodão molhado em água gelada. Para facilitar, o paciente pode encher o bidê com água e pedras de gelo e sentar-se em sua borda enquanto executa o banho, que deve durar cerca de vinte minutos.

Para executar o banho, a pessoa deve estar de estômago vazio (deve-se aguardar de uma a duas horas após a refeição) e bem agasalhada. Seus pés também devem estar aquecidos. Dependendo da gravidade do quadro e da disponibilidade da pessoa, o banho poderá ser feito de uma a três vezes por dia. No caso das mulheres, ele deve ser suspenso no período da menstruação. Muitas pessoas que sofrem de PV sofrem de dor de cabeça. Se experimentarem esse banho, ficarão surpresas com o resultado.

Os banhos frios têm um efeito positivo no tratamento da PV. São uma forma simples de hidroterapia. O banho quente pode ser extremamente relaxante, principalmente no inverno, porém, o banho frio é um dos maiores estimulantes da nossa energia vital. Banhos frios de manhã, ao acordar, acompanhado de fricções vigorosas, despertam o nosso corpo para o dia de trabalho e promovem o seu equilíbrio. Depois do banho, convém abrigar-se para poder desfrutar do calor que ocorre reflexamente após o banho frio. Essa agradável sensação de calor é um sinal de que a circulação foi estimulada e que o sangue chega à pele, sendo por ela purificado. O sangue também traz nutrientes para a pele, melhorando seu aspecto e protegendo-a da celulite, um dos males que afetam os que sofrem de PV.

A geoterapia é o uso terapêutico da argila[48][49]. Segundo numerosos estudos e as observações de terapeutas de várias partes do mundo, inclusive do autor deste livro, este milenar método de cura tem efeitos nada desprezíveis em numerosas afecções. Costumo reservá-las para casos mais severos, devido à dificuldade para se obter e manipular a argila. No caso da PV, a argila deve ser usada em cataplasmas abdominais. Pega-se argila dura, retirada de uma fonte segura, e, depois de peneirada, mistura-se com água, de preferência fria, até se obter uma consistência pastosa. Em seguida, espalha-se esse barro sobre um pano de algodão (uma fralda seria o ideal) previamente umedecido. O cataplasma, de mais ou menos um centímetro de espessura, deverá ser colocado sobre todo o abdômen, cobrindo toda a barriga. Por cima do barro, deve-se colocar um jornal, como isolante térmico, e enfaixar a barriga com um pano seco de lã ou flanela. A faixa deve se manter bem firme no corpo, permitindo que a pessoa se movimente sem dificuldade. O ideal é que o cataplasma fique sobre o ventre por cerca de quatro horas. Pode ser, inclusive, usado durante a noite. Ao fazer o cataplasma, a pessoa não precisa estar de estômago vazio. É importante apenas que esteja com o corpo quente ou que o aqueça antes de iniciar o tratamento.

O uso desse cataplasma é particularmente agradável e eficiente para tratar crianças e pessoas que sofram de cólicas abdominais, flatulência ou problemas gástricos.

Fitoterapia: O uso medicinal das plantas, chamado fitoterapia, freqüentemente se confunde com a alimentação, pois, como já vimos, alimentos como o mamão, a manga, a cebola, a ameixa, etc., são indicados no tratamento da PV independentemente do seu valor nutricional.

Há uma outra fruta que também pode ser usada no tratamento da PV graças ao seu grande valor fitoterapêutico como laxante: o tamarindo. Com o fruto maduro completo pode-se fazer um chá, adoçado com mel ou melaço de cana (melado). Deve-se tomar de três a quatro colheres de sopa desse chá por dia, longe das refeições.

A melissa e a malva também podem ser utilizadas no caso de dores abdominais. Elas podem ser administradas por via oral ou acrescentadas à água da lavagem intestinal.

Como podemos notar, há vários métodos terapêuticos que contribuem para curar a PV. Neste livro, expus apenas os métodos essenciais, que estão dentro da minha experiência, e aqueles que podem servir como complemento para intensificar os resultados do tratamento.

A seguir, sugiro um programa de tratamento que inclui alguns dos métodos tratados acima. É perfeitamente compreensível que a pessoa não possa fazer tudo o que recomendo, pois se assim o fizer ela poderá correr o risco de curar-se da PV às custas da sua saúde mental. Eis a nossa sugestão:

1. Despertar cedinho e, ainda no leito, respirar profundamente várias vezes.
2. Levantar-se e tentar defecar.
3. Fazer a lavagem intestinal, tendo ou não evacuado, de acordo com o esquema de nove lavagens em dias alternados.
4. Tomar banho frio, friccionando todo o corpo com vigor, e, em seguida, abrigar-se para se aquecer.
5. Depois do banho, comer as ameixas e as sementes de linhaça, deixadas de molho na noite anterior.
6. Desjejum baseado em frutas.
7. Praticar suas atividades habituais (trabalho, por exemplo).
8. Almoço baseado em verduras e cereais integrais.
9. Atividades habituais.
10. Voltando do trabalho, em casa, fazer um banho vital.
11. Aguardar mais ou menos meia hora para que o corpo recupere a temperatura normal e jantar.
12. Fazer uma caminhada de uma hora ou outra atividade física.
13. Tomar uma ducha e dormir.

Cada pessoa deve adaptar o tratamento ao seu caso particular, já que nem todos têm horários tão fáceis de controlar.

Não se esquecer de beber água.

Agora já dispomos de um programa de tratamento para a PV que leva em consideração apenas os aspectos físicos. Está na hora de conversarmos um pouco sobre o aspecto psicossomático do tratamento.

Aspectos psicossomáticos da PV

Antes de mais nada, devemos elucidar de que forma fatores externos e as nossas crenças, ou nossa maneira de pensar, contribuem para a formação dessa ou de qualquer outra doença.

Comecemos trazendo uma luz sobre o funcionamento do sistema nervoso. Do ponto de vista funcional, é fácil verificar que o sistema nervoso está dividido em duas partes. No seu trabalho de coordenar as funções vitais, o sistema nervoso e outras estruturas afins lidam com uma área consciente e outra da qual, habitualmente, não tomamos conhecimento. Por exemplo, depois que ingerimos a comida, a digestão continua no estômago a despeito do que estejamos fazendo. Enquanto o alimento está na boca, podemos interromper e recomeçar a mastigação a nosso bel-prazer. Temos total conhecimento e controle quase absoluto sobre a mastigação. Porém, depois de engolir, o processo, em geral, se torna independente da nossa vontade. Enquanto lemos um livro ou conversamos com amigos, nosso estômago, nosso intestino, nosso pâncreas, etc. seguem suas tarefas, aproveitando os nutrientes dos alimentos e eliminando os seus resíduos. O fígado pode armazenar parte dos carboidratos ingeridos para mais tarde lançá-los no sangue. O sangue, por sua vez, pode assim produzir insulina para que os carboidratos possam entrar nas células, de acordo com as necessidades metabólicas do momento. Tudo isso acontece sem que o nosso lado consciente tome conhecimento, ou seja, sem que o lado cotidiano da consciência, a consciência comum, perceba.

Portanto, dispomos de duas áreas distintas de atuação. Uma delas pode ser controlada com relativa facilidade, a outra praticamente escapa ao nosso controle. A primeira, que trata das funções conscientes, controla os músculos estriados (voluntários) do corpo. Os músculos masseter e temporal, que participam da mastigação, são estriados e estão, portanto, sob a influência dessa parte do sistema nervoso, conhecida como sistema nervoso de relação ou *sistema nervoso somático*. O sistema nervoso de relação está intimamente ligado ao telencéfalo, parte do sistema nervoso que, pelo seu desenvolvimento, mais nos destaca das demais espécies: o cérebro.

As funções inconscientes, cuja maior parte nos mantém vivos (batidas do coração, movimento dos órgãos digestivos, circulação sangüínea, atividade glandular), estão a cargo da outra parte do sistema nervoso, denominada, um tanto inadequadamente, *sistema nervoso autônomo*[19][50].

De uma maneira simplificada, podemos dizer que o córtex cerebral representa ou atua com as funções voluntárias e conscientes, enquanto o hipotálamo se relaciona com as funções involuntárias e inconscientes da fisiologia orgânica[51][52].

Entre essas duas áreas, encontra-se o sistema límbico, que funciona como fator de integração e harmonização (quando seu funcionamento é adequado). O sistema límbico, formado por diversas estruturas nervosas, como certos núcleos hipotalâmicos e talâmicos, o hipocampo, o fórnix, etc., tem um interessantíssimo e singular papel. Pode-se comparar o funcionamento do hipotálamo com o de um computador. Em resposta às informações que recebe do corpo, o hipotálamo emite "ordens" para o metabolismo se adaptar a essas informações. Para tanto, esse "computador" tem um programa, o código genético, e outro programa acessório, que é dado pelo sistema límbico.

Erhart[52] nos ensina que o sistema límbico é responsável pelo comportamento emocional dos seres humanos e dos animais. Ele transforma o hipotálamo em muito mais do que uma simples máquina que responde mecanicamente. Com seu programa emocional, é capaz de fazer a integração da mente, aqui representada pelo córtex, e do corpo, a cargo do hipotálamo.

Todavia, pode haver um descompasso entre o programa e o computador. Quando o programa do sistema límbico contraria a programação básica do hipotálamo, este começa a funcionar de forma inadequada, provocando distúrbios fisiológicos como, por exemplo, alterações nos ritmos digestivos. Esse descompasso pode ser causado por atividade cortical excessiva, processos emocionais, etc.

Conforme Elmer Green[52], o hipotálamo tem dois padrões: o corpo fisiológico e o sistema límbico. Este último, embora na sua maior parte inconsciente, sofre a influência do nosso cérebro consciente. O desencontro entre esses padrões gera a má função hipotalâmica.

Para completar, convém lembrar que nós dispomos de dois tipos de mente: uma analítica, não-experiencial, não-interativa, alheia aos fatos, e outra participativa, intuitiva. A primeira está mais ligada ao hemisfério cerebral esquerdo, enquanto a outra está mais ligada ao hemisfério cerebral direito. O cérebro analítico, utilíssimo na vida cotidiana das contas bancárias e das teses acadêmicas, tem também um papel diretivo sobre o cérebro direito, que é artístico, poético, simbólico e não-racional. A maioria das pessoas apresenta uma cisão direita/esquerda (feminina/masculina), em que o cérebro esquerdo assume o comando total. Não damos atenção à nossa intuição e ao nosso sentimento de paz e de harmonia com o Todo. Esquecemos de deixar fluir a energia do mundo.

O excesso de atividade cortical esquerda gera uma sobrecarga no sistema límbico (em forma de angústia), que dificulta o funcionamento hipotalâmico e faz surgir a doença psicossomática.

De uma forma muito resumida, pode-se dizer que o excesso de atividade cortical desequilibrada interfere, via sistema límbico, no funcionamento do hipotálamo, e este conduz a fisiologia de maneira irregular. Surgem, então, os distúrbios que chamamos de doenças.

Os observadores mais agudos do comportamento humano já perceberam há muito a existência da unidade somatopsíquica. Por isso mesmo, na opinião de certos psicanalistas como Georg Groddeck, "qualquer tipo de enfermidade é passível de atuação psicoterapêutica"[53]. Jung, em uma carta, referiu-se a essa unidade ao dizer que estava "pessoalmente convencido de que a nossa mente corresponde à vida fisiológica do corpo"[58]. Nessa época, não havia uma bagagem científica para explicar como isso acontece, embora já houvesse estudiosos como Gregory Bateson, que muito elucidou as relações da consciência com o que chamamos mundo da matéria[55]. Atualmente, já dispomos dessa explicação, que, embora incompleta, pode nos ajudar na terapêutica da PV se levarmos em conta os processos psicossomáticos.

Um aspecto essencial do problema é o reconhecimento de que existe algo de origem psíquica a ser resolvido. Mesmo não sendo totalmente aberto à idéia de que os sintomas sempre correspondem a uma mensagem anímica ou à expressão de algum processo inconsciente[56], o próprio Freud reconhecia que no caso específico da PV havia um processo de manifestação de recalques. O já citado Groddeck era tão radical quanto a isso (e não só nisso) que considerava inútil e até indesejável qualquer outro tratamento que não fosse psicanalítico. Para esses estudiosos, era preciso eliminar o recalque por meio do método psicanalítico. Havia profissionais que utilizavam outros sistemas. A eliminação do recalque, com ou sem conscientização do processo, faz com que diminua a pressão do sistema límbico sobre o hipotálamo.

Pela minha experiência clínica, posso dizer que nem sempre é necessária uma terapia psíquica externa. Porém, é importante que se investigue e medite sobre aquilo que está "escondido por trás dos sintomas"[57].

A meditação é uma forma bastante eficaz de reduzir a ação desequilibrada do córtex cerebral, o excesso de pensamentos, o estresse e a emocionalidade descontrolada. A meditação que proponho aqui é apenas a prática (ou a tentativa) de não pensar. Isso não é fácil, porém, alguns segundos de descanso cerebral já surtem efeitos impressionantes, pois representam uma redução significativa das pressões exercidas pelas fibras corticotalâmicas (ligações nervosas entre o córtex cerebral e o tálamo) e um descanso para as estruturas do sistema nervoso autônomo.

Existem muitas maneiras de meditar. Uma delas é se concentrar na respiração, observando o movimento do tórax, enquanto, quase imperceptivelmente, a mente se aquieta. Pode-se também simplesmente orar ou contemplar agradecido a beleza do mundo. Pode-se ainda dedicar uma atenção cuidadosa e intencionalmente amorosa a alguma atividade. Não é imprescindível que se fique sentado com as pernas cruzadas, seguindo alguma postura oriental (embora essa posição seja a mais conhecida e aceita)[58].

Seja como for, o importante é encontrar um estado em que se possa relaxar física e psiquicamente e utilizar poderes internos de cuja existência, muitas vezes, sequer suspeitávamos.

O cérebro costuma funcionar em um ritmo chamado beta, em que a atenção está voltada para o mundo exterior[52]. O cérebro também pode funcionar em ritmo alfa, em que a atenção não está focalizada num fator externo, nem em um pensamento lógico. Quando o cérebro está em alfa, ocorre um relaxamento que permite que a parte não-racional do nosso ser possa se manifestar. Ainda mais profundo é o ritmo theta, de profunda vivência interior. Quando fazemos um relaxamento ou uma meditação profundos, alcançamos um funcionamento cerebral compatível com os ritmos alfa e theta. Schultz, Simonton, Alyce e Elmer Green, entre outros, têm demonstrado as possibilidades terapêuticas desses estados rítmicos, que permitem à mente se organizar e relaxar, influindo de maneira positiva sobre o hipotálamo e sobre toda a economia orgânica.

Através de exercícios de visualização (criação de imagens na tela escura das pálpebras fechadas) pode-se criar imagens positivas relacionadas com os processos de saúde/doença que o indivíduo esteja vivenciando no momento, e através de frases escolhidas pela sua simplicidade, positividade e clareza, entre outras coisas, têm-se obtido resultados animadores. Essa prática não é recente, haja vista os resultados obtidos com o tratamento autógeno, o *biofeedback*[52] e a imaginação ativa de Jung[59].

Como este livro tem um sentido prático, proponho que você reserve alguns momentos diariamente para ficar consigo mesmo em silêncio. Você pode adotar a posição que mais lhe convier, sentado ou deitado, desde que se sinta relaxado e mantenha a coluna reta. Em seguida, leve a consciência através do corpo, começando pelos pés. Sinta-os vibrar até ficarem pesados. Depois vá subindo até percorrer com a consciência o corpo todo, inclusive o couro cabeludo. Caso perceba alguma área tensionada, faça alguns movimentos suaves para soltar a tensão. Dessa forma já se alcança um notável relaxamento somatopsíquico. Você pode perguntar-se, após o relaxamento, qual o significado interno de se estar com PV. Muitos pensamentos ou imagens surgirão. Permita que eles fluam, sem questionar-se muito. Serão como sonhos, que sempre são significativos por mais absurdos que pareçam. Também emergirão sentimentos: raiva, aborrecimento, tristeza. É o inconsciente se manifestando. Todo esse material deve ser analisado com honestidade. Reconhecer as raivas e dores recalcadas, rever a si mesmo sob um prisma não usual e pensar nisso com seriedade, é um passo em direção à cura.

Essa experiência pode continuar por meio da visualização. Você se imagina indo ao banheiro e eliminando as fezes com facilidade. Ou pode repetir para si mesmo frases do tipo: "Eu permito que a vida flua através de mim com facilidade" ou "Eu libero o meu passado e me permito ser eu mesmo". Se quiser, pode fazer apenas a visualização, sem perguntar a si mesmo sobre o significado do sintoma. No entanto, a investigação desse significado pode trazer muitas descobertas, muitas alegrias. Pode ser o início ou a continuação da grande aventura de conhecer a si mesmo.

É importante lembrar que toda doença está relacionada com o fato de não perdoarmos a nós mesmos por sermos humanos[59]. Todo processo de autoconhecimento e crescimento rumo à individuação *passa pelo "aceitar-se"*. Cumpre ter em mente que não ser perfeito faz parte do existir. A meditação nos ajuda muito nisto.

Dessa maneira, o tratamento da PV, como o de qualquer outra enfermidade, transforma-se em um caminho, uma viagem em direção a si mesmo (ao *Self*). É um erro grave acreditar que nós começamos e terminamos nos estreitos limites do mundo material. Somos um todo amplo, uma consciência que se manifesta no mundo material. É uma longa caminhada até o encontro com o *Self*. Enquanto não a encetarmos, não poderemos nos julgar saudáveis.

CAPÍTULO III

A PV na Criança

Este livro não tem em vista a pediatria, mas é preciso que digamos algo sobre a PV em crianças.

Ao cuidar das crianças, não devemos nos esquecer que elas têm suas peculiaridades, pois são diferentes dos adultos, embora sejam pessoas completas[60]. Isso é essencial. Devemos vê-las como *pessoas* com seu jeito particular.

É preciso diferenciar aqui, quanto às conseqüências, a criança alimentada com leite materno daquela que se alimenta de potinhos industrializados ou de leites artificiais. O leite materno tem uma constituição tal que induz a criança a uma defecação natural. No entanto, tenho encontrado com freqüência lactentes com PV, associada a fezes não endurecidas. Este é um fato interessante, pois o tempo que as fezes permanecem no intestino devia ser suficiente para torná-las mais ressecadas. O leite materno é a causa dessa proteção? Em casos como esse é comum encontrar história familiar de PV. Um irmão ou um dos pais tem ou teve PV. O fator constitucional é importante[60]. Nessas circunstâncias, a dieta, isto é, a inclusão de outros alimentos além do leite materno, pode contribuir para melhorar o quadro, mas não é um fator determinante.

Lembro que, no tratamento da PV, a alimentação visa aumentar o bolo fecal e reduzir a sua consistência para que possa ser mais facilmente conduzido ao intestino grosso. No caso dessas crianças, as fezes já têm uma consistência adequada. Os alimentos que devem ser acrescentados à dieta para incentivar a peristalse são o mel, em pequenas doses, o suco de laranja e o chá de ameixa seca. Se a criança tiver entre três e quatro meses, já se recomenda frutas amassadas, principalmente o mamão.

Costumo recomendar aos pais, e mais especificamente às mães, que cuidem da sua própria PV. Por incrível que pareça, isso tem um notável efeito sobre a criança. Se a mãe consome ameixas, chás estimulantes, etc., que atuam sobre a peristalse, seja porque essas substâncias passam ao leite, seja por qualquer outro motivo que ignoro, o ritmo de evacuação da criança melhora.

No caso de bebês que se alimentam no seio materno e apresentam PV com fezes endurecidas, deve-se sempre pensar na possibilidade de uma hipoalimentação[61].

O leite materno é indiscutivelmente o único alimento para a criança humana, pois contém todas as substâncias necessárias à vida do bebê. É um produto insubstituível. Conforme estudos realizados em povos em guerra[62], mesmo o leite de mães desnutridas apresenta um teor nutricional compatível com uma alimentação de boa qualidade para seus filhos. Só em casos de desnutrição grave é que se deve pensar em não amamentar a criança com leite materno. Pode ocorrer que a mãe não saiba alimentar corretamente o bebê. Já tive oportunidade de ver no Brasil rural mães muito jovens e inexperientes. Nesses casos, é necessário explicar, ensinar, conduzir, para que se restabeleça a alimentação normal, no que se refere à quantidade de leite e à freqüência das mamadas.

A PV com fezes endurecidas ocorre com mais freqüência quando se usa leite artificial ou de vaca (diluído ou não). São vários os motivos dessa PV. Quando se usa leite não-materno muito diluído, o que, por medida de economia, é freqüente na população com menos recursos, a criança entra em hiponutrição e a PV aparece antes mesmo que ocorra prejuízo no desenvolvimento. Esse tipo de leite provoca também a alcalinização do intestino grosso, altera a flora intestinal, podendo irritar as paredes desse órgão, inibir a absorção de nutrientes, etc. Quando realmente é preciso introduzir leite artificial na alimentação do bebê (o que não é tão freqüente como parece), é essencial a presença do pediatra para corrigir os possíveis prejuízos, inclusive a PV.

Um ponto importante é a introdução, logo que possível, de alimentos que contenham fibra, como frutas e verduras. O cereal não deve ser incluído de imediato, pois a criança bem pequena não permanece com o alimento na boca por muito tempo, não insaliva e, conseqüentemente, não permite uma digestão conveniente do amido. O pâncreas, por sua vez, ainda não é capaz de realizar essa tarefa de forma completa. É por essa razão que, em várias sociedades indígenas, as mães mastigam os alimentos antes de oferecê-los aos filhos, embora não tenham conhecimento da química que acabo de descrever.

A introdução de frutas na dieta da criança alimentada com leite artificial também contribui para estabelecer no intestino grosso um pH mais compatível com a peristalse, corrigindo o efeito negativo dos leites industrializados.

Na PV das crianças devemos estar prontos para cuidar das conseqüências imediatas desse quadro, pois logo se manifestam gases, problemas de pele, catarro, etc.

A pele é um importante fator de desintoxicação na espécie humana. Nenhum outro mamífero, nem mesmo o primata, tem uma pele tão eficaz quanto à nossa[63]. Os problemas de pele são sintomas que logo nos chamam a atenção no bebê; por isso, devemos tratá-la com cuidado, principalmente no caso de crianças com PV. A pele da criança deve ficar exposta ao tempo, pois o excesso de proteção favorece o aparecimento de lesões cutâneas, como a brotoeja. Arejar a pele é essencial. Só depois devemos pensar em pomadas ou cremes. Se a pele da criança apresentar brotoejas, deve-se passar farinha de araruta e deixá-la exposta.

Para os gases, costumo recomendar chá de erva-doce, de funcho, de erva-cidreira, de romã, de capim-santo (ou capim-cidreira), etc. Se a criança mama no seio materno, a mãe deve tomar mais de três xícaras desses chás por dia. O uso, várias vezes por dia, de uma faixa abdominal umedecida em água gelada também é um procedimento muito eficaz no caso de gases. Para aplicá-la, basta umedecer uma fralda de algodão com água gelada, dobrá-la em quatro camadas e envolver com ela o abdômen da criança, do epigástrio (boca do estômago) até o púbis. A faixa cobrirá as costelas que ficam sobre o fígado. A seguir, enfaixa-se a criança com um pano seco de lã ou flanela para fixar bem o pano umedecido. A criança deve permanecer com a faixa de uma a duas horas. Enquanto isso, ela deve ser mantida aquecida. Para se certificar disso, basta tocar-lhe os pés e sentir se estão quentes. Caso não estejam, deve-se calçá-la com uma meia ou usar uma bolsa de água quente. Sei que muitas pessoas preferem usar água quente para reduzir cólicas intestinais, no entanto, se experimentarem usar água fria constatarão que os resultados são muito superiores. A criança, no início, pode resistir, mas é impressionante o alívio que sente logo após a colocação da faixa. Com o tempo, a criança passa a pedir que se coloque a faixa gelada sempre que se sente mal.

Outro procedimento de efeito surpreendente no alívio dos sintomas da PV é a já mencionada aplicação do cataplasma de barro sobre o abdômen. A forma de aplicá-lo na criança é o mesmo que no adulto. O cataplasma de argila também facilita o restabelecimento das condições normais do intestino.

Embora possamos usar esses procedimentos para reduzir a PV, não podemos olvidar o fato de que ela é a causa desses sintomas e, portanto, deve ser tratada.

No tratamento da PV infantil, devemos levar em consideração tudo o que foi dito a respeito do tratamento do adulto. É preciso dar especial atenção à alimentação. Se a criança é muito pequena e se alimenta no seio materno, insisto no conselho de se acrescentar à dieta ameixa (sob a forma de chá), mel, etc. Além disso, é preciso acrescentar outras formas de tratamento. Todos os dias, a criança deve ser massageada carinhosamente, em especial no abdômen. Essa massagem deve ser feita de forma circular, no sentido horário, aumentando-se a pressão à medida que se aproxima da área terminal do cólon, ou seja, a parte inferior esquerda do abdômen. Após a massagem, deve-se fletir (dobrar) as pernas da criança sobre o abdômen. Dobre primeiro uma, depois a outra, várias vezes, e, em seguida, as duas ao mesmo tempo. Importantíssimo: essa massagem deve ser feita em tom de carinhosa brincadeira. A mãe não deve demonstrar ansiedade para que a criança defeque. Os pequenos são seres extraordinariamente sensíveis. Embora não se expressem na nossa linguagem cotidiana, tomam um visceral conhecimento de tudo a sua volta. Na verdade, mais do que nos adultos, a enfermidade é uma forma de linguagem. A PV na criança expressa os seus sentimentos. Fala simbolicamente dos seus medos, anseios, descobertas e até dos seus jogos de poder, de suas percepções a respeito do mundo, de suas relações com seus pais, em especial com a mãe.

A PV da criança pode estar vinculada à resistência materna[52]. Embora a grande maioria das mulheres na nossa sociedade sonhe em ter um filho, o fato é que a gravidez, a amamentação, a perda da suposta liberdade, as dificuldades financeiras são alguns dos motivos pelos quais a chegada de um rebento não traz completa tranqüilidade aos pais. O recém-nascido tem uma percepção aguda do que se passa com a sua mãe e dela absorve mais que o leite. Mesmo desejando ser mãe, a mulher tem suas resistências. A felicidade traz embutida sua cota de medo e o recém-nascido absorve o amor e a alegria, o medo e a preocupação misturados ao leite e ao carinho.

O bebê também percebe a tensão que se forma quando não defeca. Essa tensão é fator de complicação do quadro. Por isso recomendei que a massagem seja feita como uma brincadeira.

Assim, ao ajudar no tratamento de PV de crianças de qualquer idade, deve-se ter em mente os possíveis significados internos do quadro orgânico e levá-los em conta no tratamento. O tratamento ideal é aquele que permite uma resolução total, inclusive simbólica. A criança deve defecar tudo, em todos os níveis, todos os nós. Eis por que uma ação terapêutica intempestiva pode atenuar a tensão dos adultos, mas resultar em mais uma agressão para a criança.

Aqui se insere o tema da lavagem intestinal que às vezes é muito bem indicada na PV infantil, pois o alívio de certos sintomas se justifica plenamente. A partir de certa idade, porém, as crianças começam a rejeitar esse procedimento, pelo menos em nossa sociedade. Há muitos anos, a pediatra Jocete Barroco, que tem dado especial atenção aos aspectos psíquicos da criança, dizia-me que, exceto em situações bem específicas, preferia não fazer lavagem em crianças de certa idade, pois poderia ser traumático. Na época, embora tenha valorizado a informação, não alcancei a sua extensão. Foi com o passar dos anos, observando, estudando, descobrindo, que vim a reconhecer toda a sua importância.

À vezes, a PV é menos prejudicial do que a terapêutica. Por isso, já não é rotina em minha prática recomendar lavagem intestinal em crianças a partir de três anos de idade. Vale dizer que as crianças que presenciaram seus pais fazendo a lavagem em si mesmos não sofrem tanto como as outras, cujos pais encaram esse método como uma novidade, às vezes assustadora.

Atenção: toda criança que apresente sintomas de PV deve ser levada a um pediatra para que se saiba se a PV está associada a alguma enfermidade grave. Na grande maioria dos casos, as causas estão relacionadas com os temas abordados neste capítulo, mas convém fazer uma avaliação cuidadosa para se evitar surpresas desagradáveis.

CAPÍTULO IV

A Síndrome

A nossa sociedade, tanto do ponto de vista dietético como psicogênico, é freqüentemente obstipante. Ela induz as pessoas, muitas vezes, a desenvolverem a PV. Há alguns anos, eu assistia a um noticiário na televisão, quando tive a surpresa de ver um cientista, vinculado a uma universidade inglesa, ser entrevistado. Especialista em câncer, ele afirmou algo que merece reflexão. Ele disse que nos países como o Brasil, as taxas de câncer, principalmente no intestino, tendem a ser cada vez maiores, pois as pessoas estão abandonando suas dietas tradicionais e adotando hábitos alimentares muito parecidos com os dos norte-americanos. Infelizmente, não me lembro o nome do cientista, mas numerosos estudos, alguns deles já citados neste livro, vêm confirmar essa afirmação.

Que poderá acontecer com uma sociedade como a nossa, em que se dá mais valor a uma vida superficial do que a atenção que deve ser dada ao ser humano? O que vai acontecer conosco se continuarmos a ignorar os sinais do nosso corpo, vítima dos nossos abusos?

Luís Pawels[64] diz que o artista, muitas vezes, precede o cientista na descrição do processo humano, social, econômico ou político. Há quem também afirme que o conto, a poesia, a mímica, o teatro, a arte enfim, são instrumentos especiais para transmitir certas informações, pois tocam cordas internas e usam a linguagem do nosso inconsciente, tanto de sua parte subconsciente como daquela numinosa. A arte, além de trazer entretenimento, pode informar. Por isso, incluí o conto a seguir, que concebi um dia enquanto pensava sobre a nossa saúde e os nossos hábitos, em uma sociedade em que a PV é considerada algo quase normal, em que a informação superficial é exaltada, em que as bactérias e os vírus tornam-se cada dia mais agressivos pelo mau uso de antibióticos e pela perda da capacidade de defesa do organismo devido a excessos de todo tipo (de alimentação, de trabalho, de preocupações, de farras, de remédios). Podemos usar um pouco à imaginação, e ver, nessa imaginação, algo possível de acontecer com a nossa sociedade, sem contudo perder a esperança.

A Síndrome

Oengus não sabia se poderia se adaptar novamente à civilização, depois de viver vinte anos entre os povos selvagens. Mantivera-se muito bem informado, por meio do seu videofone, a respeito de todos os avanços tecnológicos. O mundo civilizado havia mudado muito, mas o que mais o preocupava era saber como se adaptar à maneira de viver dos civilizados, pois ele adotara muitos dos costumes daquela gente primitiva.

Deixou que os seus olhos descansassem no horizonte em que se destacavam as cúpulas geodésicas da cidade de Londres. O sol poente lhes dava uma coloração entre dourada e vermelha metálica. Um belo espetáculo visto de fora; dentro, porém, lembrou-se de que não havia chuva, nem sol forte, nem nuvens, nem estrelas, apenas aquele cinza-prateado eterno, agradável e, sem dúvida, bonito, mas invariável, como o gosto das bebidas industrializadas. Talvez estivesse demasiadamente acostumado ao prazer do vento, ao gosto das frutas, à agradável sensação da chuva no rosto.

Ao descer da aeronave, observou as ruas impecavelmente limpas. Impossível chegar em casa com um pouco de pó nos sapatos. Para ele isso agora era estranho, porém, a necessidade de achar um lugar para morar logo suplantou qualquer outro pensamento. Todos acharam-no muito esquisito por procurar uma casa que fosse antiga o suficiente a ponto de ter um daqueles sanitários completos (os selvagens ainda usavam essas coisas). Ninguém conseguia entender por que ele desejava aqueles aparatos antiquados (latrinas). E achavam-no bisonho por isso. Felizmente, ele tinha o videofone e a máquina onipresente, que o conectava com quem quisesse. E, assim, em apenas uma tarde, pôde contactar inúmeros possíveis domicílios e rever velhos amigos que, apesar de estranharem sua insistência em ter sanitários com latrinas, colaboraram com ele. E logo ele estava instalado.

Oengus observou que, quando estava com seus antigos amigos, os assuntos das conversas não mais o faziam vibrar.

O tempo passou e, três meses depois, Oengus preparava a palestra que daria no "Seminário de Todas as Ciências" de Londres. Sabia que naquele mundo ávido por informações sobre o futuro e sobre a alta tecnologia, seu trabalho não atrairia muita atenção, mas ele alimentava a esperança de que alguns se interessassem, pois os noticiários do videofone o haviam anunciado como antropólogo de campo, profissional muito raro naqueles dias.

Dorothy ofereceu-se para acompanhá-lo. Conhecera-a em um daqueles locais de encontro onde as pessoas passavam horas saboreando bebidas e iguarias de todo tipo, enquanto comentavam as informações trazidas pelos videofones. O que a atraíra nele fora seu jeito calado, poucas vezes emitindo opinião, e também os seus modos incomuns. Quando soube como ele se chamava, Oengus, quis saber de onde vinha um nome tão esquisito. Ele explicou que sua mãe era historiadora e conhecera esse nome quando estudara uma antiga civilização.

— Acho que herdei dela o interesse pelos povos primitivos.

— Estranho gosto esse seu, anacrônico — retrucou Dorothy. — Hoje em dia as pessoas estão interessadas em ciência de verdade; já não existem historiadores. Os antigos não têm nada para nos ensinar. A ciência de hoje desvenda tudo. Que podem trazer de novidade povos que não têm uma ciência e uma tecnologia como a nossa?

— Mas eu também gosto de "ciência de verdade" — observou ele quase se desculpando.

....

Os salões do Centro Londrino de Convenções Científicas e Informações estavam lotados. Apesar de as convenções serem transmitidas, de modo resumido, para o mundo todo, por intermédio de videofones, o afluxo de pessoas era enorme. O grande assunto era a "nova doença", assim se referiam a ela, uma epidemia que grassava em todas as cidades, apesar das medidas de proteção tomadas pelos serviços de saúde. Oengus, como a maioria dos assistentes, queria assistir à mesa redonda sobre o *Legionella pneumophila*, atual inimigo público número um.

Ele e Dorothy chegaram cedo para conseguir um bom lugar, o que era desnecessário, pois os cientistas das mesas eram apresentados também em um telão às suas costas. Conseguiram um lugar na frente e, enquanto esperavam, Doroty ligou o videofone de pulso, convidando-o a fazer o mesmo. Ela não conseguia entender a inapetência de Oengus em relação às informações. Ele tentou explicar:

— A maioria dessas notícias já foi dada pela manhã. Basta ouvir o noticiário uma vez e já estamos bem-informados.

— Como? — estranhou ela. — A cada noticiário podem surgir novos detalhes...

— Que serão resumidos no noticiário matinal do dia seguinte.

— E aí você recebe a notícia atrasada. Informações são como

pão, quentinho é melhor. — Ela sorriu, sentindo-se vitoriosa com esse argumento imbatível. — O que nos torna superiores aos primitivos é exatamente isso: nossa avidez por informações, por conhecer mais e mais. Foi isso que nos levou a outros planetas, desenvolveu a medicina, tornou a vida confortável e tudo mais.

Não havia muito que argumentar, por isso Oengus dedicou-se a observar as pessoas à sua volta, entretidas em suas conversas ou assistindo aos seus videofones de pulso em busca de mais informações. Observou-os com mais atenção. Todos se vestiam de forma bem parecida, tinham a mesma postura, tomavam regularmente as suas medicações, que lhes garantiam uma vida sem dores.

Curioso, ele pediu a Dorothy que abrisse a bolsa. Quantas medicações haveria ali? Ela atendeu sem entender o porquê do pedido. Mesmo sendo jovem — tinha em torno de trinta anos —, ela usava o corretor de colesterol, o suplemento vitamínico sintético, o complexo anticancerígeno, o eliminador de radicais livres. Outras pessoas ainda usavam o incrementador de oxigenação celular e muitas outras substâncias que lhes garantiam o bem-estar. Os estudos das próteses artificiais estavam muito avançados (haveria também uma mesa-redonda sobre esse tema) e por isso muitas pessoas que por ali circulavam talvez fossem portadoras de corações, de pulmões ou de intestinos artificiais. Oengus admirava tudo aquilo, mas, na sua opinião, alguma coisa estava errada.

— Por que você olha assim para os meus remédios e para as pessoas? Parece meio maluco — disse Dorothy, trazendo-o de volta com um beijo afetuoso.

—Ah... — murmurou ele, retribuindo o carinho. — Lembrei-me que os selvagens quase não usam remédios e próteses.

— Coitados... E o que fazem quando precisam de um rim novo? — perguntou ela como se falasse de calças ou sapatos.

— Poucas vezes vi alguém que precisasse de rins novos. Pensando bem, não é comum precisarem de órgãos artificiais. Quando precisam, morrem porque não têm tecnologia para isso, mas é raro precisarem. Não é comum como aqui.

— Eles são loucos, Oengus. — Dorothy encerrou a conversa, pois estava prestes a começar a mesa-redonda.

Os cinco maiores microbiologistas do mundo estavam ali. O dr. Anthony Harrison, apesar de seu renome, não estava presente, pois fora acusado de sonegar informações com o intuito de avançar mais que os outros nas pesquisas. Sonegar informações, conquanto não fosse considerado crime, era uma atitude condenada socialmente naquela civilização movida a novidades.

Reinava um profundo silêncio no auditório enquanto os cientistas se preparavam para fazer suas locuções. Depois, cada um deles descerrou seus conhecimentos deixando a platéia admirada. Todos aprenderam que a "nova doença" não era provocada apenas pelo *Legionella pneumophila*. Este era responsável apenas pelos sintomas pneumônicos da síndrome. Outras bactérias e fungos contribuíam também para o processo. Tornara-se público que esses micróbios foram se tornando cada vez mais agressivos à medida que se desenvolviam subespécies mais e mais resistentes aos poderosos antibióticos descobertos. Segundo os cientistas, aquelas subespécies de bactérias e fungos haviam se desenvolvido na tubulação dos aparelhos de climatização das cúpulas geodésicas das cidades. Dentro dos milhares de canos, entre os resíduos presos nos filtros e nas paredes dos dutos, encontraram um meio de cultura apropriado para se desenvolver. Ali também entraram em contato com os antibióticos e quimioterápicos usados para esterilização dos dutos e do ar das cidades. Com o tempo, cepas cada vez mais resistentes foram se formando e sendo levadas, pelos mesmos dutos, para as residências, escritórios e ruas. Não se sabia ao certo em que cidade tudo havia começado. O fato é que, já no século XX, essas bactérias e fungos haviam sido detectados nos locais onde se usava muito a climatização do ar, como nas salas de computação e de reprodução de documentos. Os primeiros micróbios foram se espalhando com o advento das cúpulas. As atuais subespécies eram delas originárias e decerto haviam se formado em vários lugares ao mesmo tempo, disseminando-se graças às constantes viagens das pessoas, que as levavam em seus corpos.

Depois dos discursos dos cientistas, uma notícia inesperada causou um murmúrio de indignação em todos os presentes: o dr. Jonathan Veiga, ministro mundial da saúde, acabara de se demitir sob pressão da cúpula geral do governo, pois era ele o responsável pela sonegação de uma informação extremamente importante: dois quintos da humanidade já havia falecido em virtude da tal enfermidade e, provavelmente, muitos ainda morreriam antes que se conseguisse conter a epidemia. O dr. Veiga alegara, em defesa própria, que silenciara por medo de infundir o pânico. No entanto, todos já desconfiavam de que os números deveriam ser altíssimos. Choviam milhares de perguntas nos computadores encarregados de selecionar as mais pertinentes. Oengus também se manifestou, porém sua pergunta foi rejeitada.

Apesar da comoção que a notícia provocara, o congresso continuou e os assuntos, tão diversos e interessantes, terminaram por diminuir a preocupação das pessoas. Além disso, a ciência naqueles dias dava provas de tamanha competência que parecia impossível não se descobrir logo a cura para a "nova doença".

Dorothy estava interessada nas novas técnicas de laparodefecalização. Mesmo que para Oengus esse assunto não tivesse interesse, acabou por acompanhá-lo. Conforme um dos médicos, com o progresso dos alimentos sintéticos e seguros, os humanos deixaram de necessitar das latrinas diariamente, mas as fezes terminavam por formar nos intestinos concreções que podiam provocar fortes dores ao evacuar. No princípio, os cientistas anacronicamente aferrados à natureza, acreditavam que deveriam recuar e prescrever uma alimentação mais natural. Porém, logo compreenderam que não se podia parar o progresso da humanidade. Foram então propostas diversas soluções mais civilizadas que o ato de defecar, algo considerado primitivo e selvagem.

Até aí nenhuma novidade para Oengus. No entanto, o médico informou que, a cada três meses, as pessoas tinham que se submeter a uma cirurgia simples chamada laparodefecalização, em que eram retirados os resíduos intestinais através de cateteres que levavam material dissolvente, enquanto outros sugavam o conteúdo intestinal. Por fim, como novidade, o cientista apresentava o resultado de suas pesquisas com o uso de novas substâncias e técnicas cirúrgicas. A laparodefecalização poderia, a partir de então, ser feita a cada seis meses, com microcateteres que dispensavam anestésicos. As vantagens do novo método eram inquestionáveis. Apesar de a anestesia, com os avanços da farmacologia, ser considerada absolutamente inócua, seria mais prático proceder sem ela. Em pouco tempo, a evacuação intestinal poderia ser feita em postos localizados nas ruas ou nos centros comerciais. As possibilidades de avanço eram infinitas.

Como era de se esperar, ao entardecer, os pontos de encontro estavam repletos de pessoas "destilando conhecimento", "pavonendo cultura", como dizia Oengus para irritar Dorothy.

Os dois estavam sentados com um grupo de amigos, conversando sobre os assuntos tratados no congresso. Oengus não se sentia à vontade, pois ali estava Ronaldo Schroeder, antigo companheiro de escola, que sempre lhe despertara inveja porque sempre fora brilhante, o melhor da sala e, além disso, extremamente vaidoso do seu sucesso como cientista, costumando desqualificar os demais. Ele se divertia ridicularizando Oengus, que ficava muito nervoso, perdia o controle e não conseguia conversar direito.

Percebendo o desconforto de Oengus, Ronaldo logo o inquiriu sobre as perguntas que fizera nas palestras. Com relutância, Oengus explicou que, entre os selvagens, aprendera uma teoria sobre as infecções. Segundo essa teoria, as infecções dependem principalmente da resistência orgânica e não tanto da virulência do agente infeccioso, embora não se pudesse desprezá-lo. Oengus mencionou cientistas muito antigos, já perdidos nas brumas da História, como Pasteur, Metchknikoff e outros, mas só conseguiu arrancar risos de todos, que não entendiam como podiam os selvagens, tão atrasados, ensinar alguma coisa a eles. Ronaldo deliciou-se com as dificuldades de Oengus, que a muito custo conseguia se conter. Ronaldo, do alto de seus títulos e diplomas, sentenciou:

— Os selvagens só servem para produzir matéria-prima para a nossa indústria de alimentos puros.

Todos riram e começaram a inventar piadas sobre como os selvagens curavam suas doenças. Oengus insistiu:

— Mas eles gozam de boa saúde, vivem no campo e são fortes. O índice de mortalidade é baixo, não têm o conforto e as informações que temos, mas estão satisfeitos.

— De cheirar cocô de vaca e comer coisas grosseiras? Deixe de bobagem, Oengus. Se eles pudessem estariam aqui conosco usufruindo do progresso. Ainda bem que os mantemos bem vigiados nas reservas, nos continentes atrasados. E por falar em cocô, sabia que a sua palestra de amanhã está sendo muito comentada?

Oengus enrubesceu de raiva ao ouvir a pergunta de Ronaldo.

— É que todos querem conhecer o personagem que, além de estudar e viver com os primitivos, ainda usa latrinas e roupas de algodão. Como você pode sobreviver sem as roupas climatizadas anti-suor? Aposto que toma banho todos os dias. Não é cansativo fazer esforço para defecar, Oengus? Quantas vezes você vai por semana? — E Ronaldo continuou com uma série de perguntas hilariantes. As pessoas ao redor riam a mais não poder.

Oengus estava vermelho, as palavras vinham rápidas e não abriam espaço para respostas. Seu interlocutor falava alto e as gargalhadas contribuíam para tornar inaudíveis seus protestos. Muito irritado, Oengus levantou-se e saiu.

A manhã seguinte foi idêntica à anterior. Ele ainda não se acostumara àquilo. Tudo era absolutamente padronizado. Não havia possibilidade de surpresas. Era impossível ser apanhado pela chuva e tampouco alguém parava para olhar o nascer do sol. Saudosamente, lembrou-se do entardecer na cidadezinha onde vivera os últimos quinze anos, lembrou-se do vermelho das nuvens, do azul do céu. Recordou-se de que sempre havia nuvens sobre uma serra próxima quando amanhecia. Um dia as nuvens eram espessas e cinzentas, no outro, violáceas e delicadas. Nunca havia uma repetição.

Doroty lamentou o ocorrido no dia anterior e concordou que Ronaldo era uma pessoa muito desagradável. Haviam se encontrado na porta do centro de convenções e ela já estava preocupada:

— Você é tão louco, apegado a esses hábitos selvagens. Pensei até que não viesse — comentou ao vê-lo.

Ele riu gostosamente. Dorothy passava-lhe uma gostosa sensação. Talvez estivesse se apaixonando.

O auditório era pequeno, mas estava lotado. Oengus teve a satisfação de não ser interrompido enquanto falava. Discorreu sobre a sociedade dos selvagens, a educação das crianças, a distribuição do trabalho e dos produtos, etc. Dedicou, porém, a maior parte do tempo à sua crença de que os civilizados tinham muito o que aprender com os selvagens. Conquanto algumas poucas coisas que dissera sobre os hábitos sociais dos povos com que vivera tivessem despertado algum interesse dos ouvintes, quando insistia na possibilidade de se aprender algo com aqueles povos, percebia que a platéia meneava a cabeça negativamente ou demonstrava sua desaprovação outras maneiras.

Quando terminou a palestra, notou com certo pesar que as perguntas não tinham nada a ver com o que falara. As pessoas estavam curiosas para saber como faziam os primitivos para defecar. Havia um tom de gozação nas perguntas. Apesar de achar essa curiosidade ridícula, resolveu usar as respostas como argumento para defender sua tese. Explicou que, se ainda houvesse estudos de História, todos saberiam que, há apenas um século antes, os indivíduos usavam os intestinos regularmente, e que há dois séculos os cientistas alertavam contra um alimentação que poderia provocar o não-funcionamento do intestino e propiciar várias doenças. Ele conhecera os escritos desses cientistas visitando as bibliotecas dos selvagens, e ali aprendera que, se as pessoas não se alimentassem bem, não evacuassem regularmente e se tomassem muitas medicações poderiam perder a resistência a infecções e outras doenças.

Alguns dos ouvintes riram, outros simplesmente se retiraram. Ronaldo não perderia por nada essa oportunidade de pisar em Oengus. Levantou-se e disse que ouvira falar que, num passado remoto, alguns povos aprenderam a extrair ferro dos minérios usando fogueiras. Agora a civilização usava naves espaciais e robôs para extrair a *laser* os minérios dos asteróides. Em que, então, aqueles povos selvagens poderiam ajudar? Ronaldo comentou de forma jocosa que de nada adiantaria visitar bibliotecas selvagens, pois ele, como qualquer pessoa civilizada, não sabia ler, já que depois do advento dos videofones portáteis, a leitura tornara-se inútil, exceto para seres primitivos, como o próprio Oengus.

O auditório riu muito. Oengus olhou para Dorothy, que, mesmo irritada, sorriu para ele com ternura. Isso o tranqüilizou. Oengus fingiu que dr. Ronaldo Schoeder não existia, senão teria que se levantar e socá-lo no nariz, e continuou:

— Aqueles que chamamos de selvagens ou primitivos fizeram, como nós, uma opção pelo progresso. Só que o aceitaram de uma forma mais lenta, de modo que pudessem assimilar as descobertas, incorporando-as filosoficamente (filosofia era uma palavra que causava riso). Eles querem conhecer as nossas descobertas, nossos avanços, mas observam os efeitos desses avanços em nós para saber se realmente devem ser adotados e até que ponto devem fazê-lo (Alguém gritou "Então somos cobaias desses primitivos?"). Assim vão avançando pausadamente. Acreditam eles que a "nova doença" é fruto de nossos hábitos civilizados e que a cura só virá se voltarmos a conviver com a natureza. Eles sabem que todos os civilizados morrem de câncer. Saibam que poucos selvagens morrem dessa doença. Vocês aprenderam nos seus videofones que o câncer é uma conseqüência natural do envelhecimento, mas isso é mentira. Há dois séculos ninguém na nossa civilização aceitaria isso.

Seu discurso foi interrompido pelo burburinho. Já não era possível prosseguir. Dorothy estava vermelha de raiva. Não concordava com nada do que Oengus dissera, mas estava irritada com o desrespeito da platéia.

Saíram caminhando pelas ruas em direção ao centro de defecalização que ela freqüentava (era o seu dia). Enquanto caminhavam, ela fazia perguntas sobre os primitivos. Oengus respondia pausadamente, pois sentia-se estranhamente tranqüilo e bem ao lado dela.

No dia seguinte, Oengus percebeu que suas palavras tiveram forte repercussão. Foi entrevistado videofonicamente, ao vivo, para o primeiro jornal matutino. O tom de chacota da entrevista deixou-o bastante irritado e, por isso, terminou por destratar o repórter. Como era de se esperar, sua reação foi vista como uma de suas esquisitices, resultado do longo convívio com os povos primitivos.

Seu aborrecimento, porém, não durou muito porque logo depois foi chamado ao Conselho Superior para uma entrevista. Isso era uma coisa muito séria, pois esse conselho era responsável pelas diretrizes gerais da "civilização das cúpulas". Oengus ficou preocupado. Esquadrinhava mentalmente as atitudes que havia tomado nos últimos tempos, buscando encontrar algo que fosse ilegal. Relembrava as palavras que usara na palestra ou em conversas para ver se havia transgredido alguma lei estabelecida ou oficiosa. O videofone de pulso tocou e na tela surgiu o belo rosto de Dorothy. Ela percebeu sua tensão e procurou apoiá-lo, supondo que ele estava assim devido à entrevista para o jornal. Quando ele lhe contou que fôra chamado pelo Conselho Superior, ela também se preocupou.

— Mas se fosse por algum motivo legal, ou por alguma falta, o Conselho Superior não iria se envolver. Eles só tomam decisões de cúpula.

— E o que poderia ser? Por que chamariam a mim?

Não havia resposta para essa pergunta. Só o Conselho a tinha.

Ela ofereceu-se para acompanhá-lo, e logo viajaram para a cidade sede do Governo Mundial. Ao chegar, entraram em um edifício muito antigo, mas ainda belo, que outrora fora sede de uma religião, quando lá ainda havia essas coisas. Oengus explicou a Dorothy, enquanto entravam:

— Esta cidade, Roma, foi a capital de um grande império, em uma época em que não havia um governo central, como existe agora. Depois que esse império caiu, foi substituído por essa religião, que dominou por muito tempo boa parte do mundo. Este edifício era a sede de onde seus líderes comandavam.

Dorothy estava curiosa. Como todo mundo, ela gostava muito de viajar, mas Roma nunca a interessara, pois nela via apenas o lugar onde funcionava toda a burocracia, toda a administração mundial. Milhares de salas povoadas pelo silêncio dos computadores. No meio de tudo aquilo, entretanto, aqueles edifícios antigos, estranhos, um tanto ridículos na sua maneira de ver, mas com alguma beleza e indiscutível majestade (ela não usaria essa palavra). Ainda boquiaberta, ouviu Oengus comentar:

— Sempre gostei de vir aqui. Minha mãe me contava as histórias da época em que isto tudo foi construído. Até hoje não entendo por que esses edifícios não foram substituídos por construções modernas, como em todos os lugares...

Oengus parou de falar, pois a esteira rolante os levara à porta da sala do Conselho Superior, onde entrou sozinho. Reinava um silêncio absoluto e a atmosfera era de recolhimento, coisa pouco usual naquela civilização. Oengus olhou em volta e para cima, onde divisou pinturas feitas há muitos séculos por um autor desconhecido. Homens e mulheres nus ou envoltos em amplos panejamentos, monstros tentando agarrar seres humanos. Chamou-lhe a atenção, na parede do fundo da sala, a imagem de um homem de barba escura e torso largo que parecia uma espécie de Deus distribuindo justiça.

Oengus foi interrompido em seus pensamentos por uma voz

pedindo que se sentasse a uma mesa onde nove lugares já estavam ocupados. De imediato reconheceu um dos homens. Era o professor Alexander Botha que, de acordo com o que lhe dizia sua mãe, era o último dos historiadores. Foi ele mesmo quem falou, sem nenhuma formalidade ou ritual iniciatório, como era de se esperar de uma civilização científica, prática, pragmática:

— Dr. Oengus M'c Hill. Seguramente, você não imagina por que foi chamado ao Conselho Supremo. Não vou me demorar na explicação, pois o assunto, embora doloroso, é bastante simples. O Conselho há muito vem acompanhando o que as pessoas chamam de a "nova doença". Há cerca de dois séculos, os registros históricos do Conselho já assinalavam casos dessa doença em pessoas que trabalhavam sob certas condições. Não estranhe o termo "registros históricos" porque o Conselho Supremo dispões deles para melhor governar. Há cento e cinqüenta anos, quando se estabeleceu definitivamente o governo da ciência, determinou-se que apenas aqui guardaríamos registros históricos que, embora muito úteis ao Conselho, são inúteis e até mesmo perigosos para as pessoas comuns. Não há necessidade de memória quando não há necessidade de se tomar decisões. Mas, voltando ao assunto que o traz aqui, o fato é que nos últimos dez anos a morbimortalidade pela síndrome vem se tornando alarmante. Por isso o Conselho, secretamente, vem realizando estudos que não chegam ao conhecimento do público.

Oengus se mexeu na cadeira, nervoso. O professor continuou.

— Tenha calma, Oengus. Para vocês, sonegar informações é algo abjeto, mas o Conselho está acima dos cidadãos comuns e é ele que decide as leis e o modo como aplicá-las. Não está sob a sua influência. Os nove componentes do Conselho sabem por que fazem as leis e é por isso que são chamados de "os nove sábios", isto é, os que sabem. Há cerca de seis anos, estamos tentando infectar selvagens com essa síndrome, mas eles demonstraram ter muita resistência. Aqueles que são contaminados apresentam uma sintomatologia pneumônica de fácil regressão. Como você sabe, isso não é o que acontece conosco. Quatro dos conselheiros e conselheiras aqui presentes, por exemplo, apesar de continuarem a exercer suas funções, já estão condenados. Nossos extensos estudos indicam que, dentro de poucos anos, nossa civilização estará inapelavelmente extinta. São dados científicos inquestionáveis e já sabemos que isso é fruto dos rumos que nós mesmos escolhemos.

Botha fez uma pausa ao perceber que Oengus precisava de um tempo para se recuperar do choque que essas revelações provocaram. Ele estava pálido, mas conseguia manter-se relativamente tranqüilo. Oengus pressentia que já sabia de tudo aquilo. Começou a entender a sua sensação de que havia algo de errado com aquela civilização. Sentimentos ambíguos de vingança e piedade se apoderavam dele ao lembrar-se do detestável Ronaldo Schroeder.

— Existem poucos antropólogos de campo hoje em dia — retomou o professor — e todos eles, quando vivem mais de cinco anos entre os selvagens, não conseguem mais se adaptar aos nossos hábitos. Já vimos também que eles têm resistência à nova doença. Por isso todos os antropólogos de campo têm sido chamados aqui para receberem a incumbência de levar este material para os selvagens. — Botha apontou para uma maleta ao seu lado. — Aqui estão registrados nossa história, nossos conhecimentos, o bom e o mau uso que deles fizemos. Esperamos que eles aprendam com a nossa experiência para que os seres humanos não desapareçam da face do planeta.

Oengus não sabia o que dizer ou fazer. Para um habitante da civilização, mesmo aqueles que haviam estado muito tempo entre os selvagens, a palavra do Conselho era a última palavra. Ali estavam os maiores e melhores cientistas e eruditos da Terra. A seu serviço estava a nata da ciência mundial.

Oengus sentiu um peso sobre os ombros, doía-lhe a barriga e seus braços se tornaram lassos. Os conselheiros esperaram pacientemente e, então, Alexander Botha esticou seu braço. Sua mão negra se destacava sobre o fundo branco da valise. Levou-a até Oengus, que fitava aquele rosto já idoso, lábios grossos e firmes, sobrancelhas espessas, cabelos ainda negros apesar da idade. Não percebeu em seu corpo nenhum sinal de próteses. Oengus recebeu a maleta. Já conhecia esse tipo de aparelho; portanto, não havia necessidade de mais informações. Bastava abrir, falar e os hologramas seria projetados no tamanho que desejasse, conforme a platéia.

Depois de um longo tempo, ele olhou com ar de súplica para o homem à sua frente. (Os outros conselheiros já haviam se retirado silenciosamente, exceto por alguns acessos de tosse.) Por fim conseguiu falar:

— Professor, não é possível...

....

O professor Alexander sorriu suavemente. Desde aquele dia, há dois meses, eles se encontravam com freqüência.

— Parece que você não conseguiu convencer Dorothy, não é mesmo?

— Como você mesmo disse — respondeu Oengus tristemente —, ninguém me dá crédito. Agora sim que eu sou mesmo visto como um maluco. Mesmo aqueles que viram os hologramas acham que eu os inventei.

— Claro, Oengus, mesmo que o próprio Conselho anunciasse esses fatos, não receberia crédito. Cometemos um grave erro quando incutimos na cabeça das pessoas, desde a mais tenra infância, a idéia de que a nossa civilização é eterna, poderosa, a única saída e o único fim. Aprendemos e aceitamos como verdadeiro que somos os melhores. Ensinamos que o Conselho é a última palavra em relação a qualquer assunto. Porém, acima de tudo, está a fé na civilização. Para aqueles que convivem por algum tempo com os selvagens, essas idéias perdem o sentido por motivos que desconhecemos, mas para uma pessoa como Dorothy, não há saída.

— Ela chegou a acreditar em algumas coisas, inclusive levantou a hipótese de tentar usar o intestino, mas a idéia de conviver com insetos e outros animais lhe é insuportável. E o pior é que estou apaixonado por ela.

— Essa doença, Oengus, nós aqui não corremos o risco de contrair.

Oengus olhou pela última vez para o professor Botha, que tossia por causa da síndrome que contraíra. Depois de se abraçarem, Oengus retirou do pulso o seu videofone e entregou ao seu amigo como despedida.

NOTAS E REFERÊNCIAS BIBLIOGRÁFICAS

1. A doença de Chagas, descrita pelo dr. Carlos Chagas, está relacionada com o *Tripanossoma cruzi*, que impede o funcionamento normal dos intestinos e do esôfago ou do coração, conforme a cepa do *T. cruzi*. Quando ataca o aparelho digestivo, pode provocar dificuldade de deglutição e obstipação.
2. Robbins, Stanley. *Patologia*, Ed. Guanabara Koogan, Rio de Janeiro, RJ.
3. Lezaeta, Rafael. *La Salud por la Naturaleza*, Ediciones Lezaeta, Santiago, Chile.
4. Arruda, José J. de A. *História Antiga e Medieval*, Ed. Ática, São Paulo, SP.
5. *História em Revista*, vol. IV, Time Life Livros, no Brasil editado pela Ed. Cidade Cultural Ltda., São Paulo, SP.
6. Encontramos essa crítica aos excessos alimentares, por exemplo, na tragédia de Eurípedes, *Alceste*, publicada no Brasil pela Edições de Ouro, SP.
7. Pijoan, José. *Historia del Mundo*, Salvat Editores, Barcelona, Espanha.
8. Robins, John R. K. "Exotismos Alimentares" in *Clínicas Pediátricas da América do Norte*.
9. Em entrevista concedida à Revista *Planeta*, Ed. Três, São Paulo, SP.
10. Davenport, Horace W., *Fisiologia do Trato Digestivo*, Ed. Guanabara Koogan, Rio de Janeiro, RJ.
11. A leitura dos seguintes livros será útil para a melhor compreensão dos processos que levam ao aproveitamento dos alimentos pelo nosso corpo:
    Coutinho, Ruy. *Noções de Fisiologia da Nutrição*, Edições O Cruzeiro, Rio de Janeiro, RJ.
    Carneiro, J. e Junqueira, L. C. *Histologia Básica*, Ed. Guanabara Koogan, Rio de Janeiro, RJ.
    Stryer, Lubert. *Bioquímica*, Editorial Reverté, Rio de Janeiro, RJ.
    Augusto, Aureo. *Naturologia I, II, III, IV*, Deva Publicações, Salvador, Bahia.

Miranda, Antônio A. de. *Nutrição e Vigor*, Casa Publicadora Brasileira, Santo André, São Paulo.
12. Burkitt, Denis. "Inconvenientes de la Alimentacion Carente de Fibras" *in Vida Feliz*, Santiago, Chile.
13. Citado por Denis Burkitt, *op. cit.*
14. Mannings e col., citado por D. Burkitt.
15. Pearlman, Barry J. e Schaenfield, Leslie J. "Gastrenterologia para Internistas" *in Clínicas Médicas da América do Norte*, vol. I, 1978.
16. Ossa, Conzalo e Ossa, Patrício. *Los Hábitos Dietéticos y su Repercusion sobre la Salud del Ser Humano*, Boletin del Hospital San Juan de Dios, 1978, Santiago, Chile.
17. Para maiores informações, leia *Naturologia II*, Deva Publicações, Salvador Bahia.
18. Citados por Pellegrini, Aldo, *in Los Mecanismos de la Curación*, Ed. Vigia, Buenos Aires, Argentina.
19. Carneiro, J. e Junqueira, L. C. *Histologia Básica*, Ed. Guanabara Koogan, Rio de Janeiro, RJ.
20. Davenport, Horace W. *Fisiologia do Trato Digestivo*, Ed. Guanabara Koogan, Rio de Janeiro, RJ.
21. Citado por Are Waerland *in Manual Waerland de Saúde*, Ed. Germinal, Rio de Janeiro, RJ.
22. Jensen, Bernard. *The Science and Practice of Iridology*, Escondido, Califórnia, EUA.
    Bodeen, Donald V. e Jensen, Bernard. *Visions of Health*, Avery Publishing Group, Nova York, EUA.
23. Alfonso, Eduardo. *Curso de Medicina Natural en Cuarenta Lecciones*, Editorial Kier, Buenos Aires, Argentina.
    Iglesias-Janeiro, J. *Autosuperación Física*, Editorial Kier, Buenos Aires, Argentina.
    Augusto, Aureo e Valverde, Regina. *Iridologia e Florais de Bach*, Ed. Ground, São Paulo, SP.
    Boater, Debbie e Sain-Pierre, Gaston. *La Tecnica Metamórfica — Princípios e Práctica*, Ed. Las Mil y Una Ediciones, Espanha.
24. Grof, Stanislav. *Sabiduria Antigua y Ciencia Moderna*, Editorial Cuatro Vientos, Santiago, Chile.
25. Campbell, Joseph e Moyers, Bill. *O Poder do Mito*, Ed. Palas Athena, São Paulo, SP.

26. Batà, Angela Maria La Sala. *Medicina Psico-espiritual*, Ed. Pensamento, São Paulo, SP, 1984.
27. Observação do psicólogo Miklos Burger em conversa particular.
28. Jung, Carl Gustav. *O Homem e seus Símbolos*, Ed. Nova Fronteira, Rio de Janeiro, RJ.
29. Zukav, Gary. *A Dança dos Mestres Wu Li - Uma Visão Geral da Nova Física*, Ece Editora, São Paulo, SP.

    Toben, Bob e Wolf, Alan. *Espaço, Tempo e Além*, Ed. Cultrix, São Paulo, SP., 1988.
30. Tompakow, Roland e Weil, Pierre. *O Corpo Fala*, Ed. Vozes, Rio de Janeiro, RJ.

    Weil, Pierre. *Mística do Sexo*, Ed. Itatiaia, Belo Horizonte, MG.

    Brenann, Barbara Ann. *Mãos de Luz*, Ed. Pensamento, São Paulo, SP, 1990.
31. Citado por Angel Garma *in A Psicanálise — Teoria, Clínica e Técnica*, Ed. Artes Médicas, Porto Alegre, RS.
32. Garma, Angel. *op. cit.*
33. Dahlke, Rüdiger e Dethlefsen, Thorwald. *La Enfermidad como Camino*, Plaza & Janes Editores, Barcelona, Espanha.

    Hay, Louise. *Sana Tu Cuerpo*, Ediciones Urano, Barcelona, Espanha.
34. Lexicon, Herder. *Dicionário de Símbolos*, Ed. Cultrix, São Paulo, SP, 1993.
35. Chevalier, Jean e Gheerbrant, Alain. *Dicionário de Símbolos*, José Olímpio Editora, Rio de Janeiro, RJ.
36. Léry, Jean de. *Viagem à Terra do Brasil*, impressão de 1961 pela Biblioteca do Exército Editora, original do séc. XVI.
37. Bruker, M. O. *Onde Vamos Parar com esta Mania de Proteína?* Folheto produzido no Brasil pela TAPS (Tecnologia Alternativa para a Saúde), traduzido de uma publicação da Verlag für Ernährung, Medezin und Umwelt, Alemanha.
38. Augusto, Aureo. *Naturologia II*, Deva Publicações, Salvador, Bahia.

    _____ *Orientação Alimentar para Naturistas*, Deva Publicações, Salvador, Bahia.
39. Balbach, Alfons. *A Carne*, Ed. A Edificação do Lar, São Paulo, SP.
40. Pellegrini, Aldo. *op. cit.*
41. Brandão, Clara Terko T. *Alimentação Alternativa*, Divisão Nacional de Educação em Saúde. Secretaria Nacional de Ações Básicas do Ministério da Saúde, Brasília, DF.

42. Kang, J. Y. e Doe, W. F. Br. Med. J. *1: 1249*, 1979.
43. Thorwald, Jürgen. *O Segredo dos Médicos Antigos*, Ed. Melhoramentos, São Paulo, SP.
44. Lima, Elias Oliveira. *Sete Dias para Começar a Viver*, ed. particular, Salvador, Bahia.
45. Woisky, Jacob R. *Dietética Pediátrica*, Ed. Atheneu, Rio de Janeiro, RJ.
46. Miller, Otto. *Terapêutica*, Ed. Atheneu, Rio de Janeiro, RJ.
47. Hardy, Richard N. *Temperatura e Vida Animal*, Ed. Universidade de São Paulo, SP.
48. Lezaeta, Rafael. *op. cit.*
49. Dextreit, Raymond. *L'argile qui Guérit*, Editions de la Revue Vivre en Harmonie, Paris, França.
50. Silva Júnior, César e Sasson, Sezar. *Biologia, Seres Vivos, Estrutura e Função*, Ed. Atual, São Paulo.
51. Erhart, Eros Abrantes. *Neuroanatomia Simplificada*, Ed. Livraria Roca Ltda., São Paulo, SP.
52. Green, Alyce M. *Sicofisiologia y Salud: Personal y Transpersonal*.
    Green, Elmer E. Ciencia y Sicofisiologia, dos anais do IV Congresso International Transpersonal Association, publicado sob o título *Sabidúria Antigua y Ciencia Moderna*, Ed. Cuatro Vientos, Santiago, Chile (Ancient Wisdom, Modern Science, State University of New York Press, EUA).
53. Groddeck, George. *Estudos Psicanalíticos sobre Psicossomática*, Ed. Perspectiva, São Paulo, SP.
54. Conger, John, Jung & Reich. *O Corpo como Sombra*, Summus Editorial, São Paulo, SP.
55. Citado por Morris Berman in *El Reencantamiento del Mundo*, Ed. Cuatro Vientos, Santiago, Chile.
56. Clauser, Günter, no prefácio do livro de G. Groddeck, citado no item 52.
57. Bach, Edward, em um de seus discursos.
58. Han, Tichnat. *Para Viver em Paz*, Ed. Vozes, Rio de Janeiro, RJ.
59. Burney, Cecil. *La Imaginación Activa de Jung: Una Tecnica Occidental de Meditación in Sabidúria Antigua y Ciencia Moderna* (ATA), Ed. Cuatro Vientos, Santiago, Chile.
60. Hay, Louise. *Você Pode Curar sua Vida*, Ed. Best Seller, São Paulo, SP.
    _____ *Sana tu Cuerpo*, Ed. Urano, Barcelona, Espanha.
61. Alcântara, Pedro de, e Marcondes, Eduardo. *Pediatria*, Ed. Sarvier, São Paulo, SP.
62. Jellife, E. F. *Práticas de Alimentação do Lactente*, Doenças associadas.

Humbraeus, Leif, "Leites Industrializados *Versus* Leite Humano" *in Clínicas Pediátricas da América do Norte*, 1980, ed. Guanabara Koogan, Rio de Janeiro, RJ.
63. Linden, Wilhelm Zur. *A Criança Doente*, Ed. Brasiliense, São Paulo, SP.
64. Leakey, Richard E. *A Evolução da Humanidade*, Ed. Universidade de Brasília, Melhoramentos e Ed. Universidade de São Paulo, São Paulo, SP.
65. Bergier, Jacques e Pawels, Louis. *O Despertar dos Mágicos*, Ed. Imago, São Paulo, SP.

Sobre o Autor

Aureo Augusto Caribé de Azevedo é baiano, nascido em Salvador, em 17 de janeiro de 1953. Formou-se em medicina, pela Faculdade Federal da Bahia em 1978.

Introduziu na Bahia o sistema Leboyer de parto (Nascer Sorrindo) e o parto de cócoras. Depois de passar por uma experiência pessoal de cura através da Medicina Natural, freqüentou por um ano a Clínica Villa de Vida Natural Manuel Lezaeta Acharán, em Santiago do Chile.

É co-fundador do Lothlorien, Centro de Cura e Crescimento, instituto sem fins lucrativos que estuda e vivencia novas propostas de vida, educação e saúde. Na comunidade dessa instituição, em que viveu por muitos anos, trabalha desde 1983 em clínica e educação para a saúde, junto à comunidade camponesa.

Em seu trabalho clínico, inclui uma abordagem psicossomática em que a enfermidade é considerada parte do processo de crescimento da personalidade individual rumo à felicidade (individuação). Aureo Augusto lança mãos de métodos propedêuticos e terapêuticos tradicionais e modernos, utilizando-se também de mitos e experiências de autoconhecimento como pontos de referência e instrumentos para maior compreensão dos processos vivenciados.

Aureo Augusto realiza vivências, palestras e cursos, no Brasil e no Chile, na zona rural e na cidade, relacionados com o campo da medicina, arte e autoconhecimento. Publicou contos, poemas e ensaios sobre história e filosofia da ciência, em jornais e revistas (*A Tarde*, *Vivências*, *Scientibus* [Bahia]; *Nave* [Rio de Janeiro]; *Le Lierre et le Coudrier* [Paris, França]; *Uno Mismo* [Santiago do Chile], etc.)

Tem diversos livros publicados: *Naturologia* I, II, III, IV, *Na Trilha da Vida*, *Orientação alimentar para naturistas*, *Iridologia e Florais de Bach* (co-autor), *Tombelaine, uma aventura do rei Arthur*, etc. É também artista plástico, tendo participado de várias exposições coletivas e individuais.

Correspondência para:

Aureo Augusto
Caeté-açu
Palmeiras - Bahia
46940-000

VENCENDO A OSTEOPOROSE

Harris H. McIlwain e outros

Com base nas mais recentes pesquisas médicas, um grupo de reumatologistas experientes oferece neste livro um guia atualizado e conciso para a prevenção, tratamento e controle da osteoporose. Os autores enfatizam o papel crucial da alimentação e dos exercícios para vencer essa batalha. Eles mostram os tipos de alimentos que ajudam a combater a osteoporose e ensinam exercícios específicos para construir massa óssea. *Vencendo a Osteoporose* também mostra os modos eficazes para evitar fraturas da bacia, assim como controlar a dor, aumentar a mobilidade e deter a doença em seus estágios iniciais. Com este útil manual, você será capaz de:

- identificar e reduzir os fatores de risco;
- reconhecer os quatro estágios da osteoporose e tratar cada estágio de forma adequada;
- seguir um programa fácil de exercícios para prevenção e tratamento da doença;
- deter a perda de cálcio nos ossos mediante o aumento correto de cálcio.

* * *

Os autores – Harris H. McIlwain, Joel C. Silverfield, Michael C. Burnette e Bernard F. Germain – são médicos e praticam em Tampa, na Flórida; eles se especializaram no tratamento da osteoporose, das dores nas costas e da artrite. Debra F. Bruce é escritora especializada na área da saúde, com numerosos artigos publicados em revistas e livros. Eles também são autores de *Vencendo a Dor nas Costas*, já publicado pela Editora Cultrix.

EDITORA CULTRIX

VENCENDO A DOR NAS COSTAS

Harris H. McIlwain e outros

Se a dor nas costas impediu que você executasse bem o seu trabalho, que aproveitasse tranqüilamente o seu tempo de lazer ou limitou suas possibilidades de viajar, este livro é para você.

Escrito por cinco dos maiores especialistas em dores nas costas, este guia conciso lhe dará informação completa e inteligível para que possa entender o seu problema e optar pelo melhor tratamento. O ponto central deste manual é o *plano de duas semanas para alívio imediato e duradouro da dor nas costas* do dr. McIlwain, cuja eficácia já foi comprovada.

Você encontrará aqui:

- um plano que garante alívio rápido, baseado em exercícios suaves, diários, que podem ser executados por doentes de qualquer faixa etária;
- os mais eficazes métodos de tratamento;
- um capítulo especial sobre o que se deve e o que não se deve fazer em caso de viagem quando se sofre de dores nas costas.

* * *

Os autores – Harris H. McIlwain, Joel C. Silverfield, Michael C. Burnette e Bernard F. Germain – são médicos e praticam em Tampas, na Flórida. Eles se especializaram no tratamento da osteoporose, das dores nas costas e da artrite. Debra F. Bruce é escritora especializada na área da saúde, com numerosos artigos publicados em revistas e livros. Eles também são autores de *Vencendo a Osteoporose*, já publicado pela Editora Cultrix.

EDITORA CULTRIX

MÃOS DE LUZ

Barbara Ann Brennan

Este livro é de leitura obrigatória para todos os que pretendem dedicar-se à cura ou que trabalham na área da saúde. É uma inspiração para todos os que desejam compreender a verdadeira essência da natureza humana.
ELISABETH KUBLER-ROSS

Com a clareza de estilo de uma doutora em medicina e a compaixão de uma pessoa que se dedica à cura, com quinze anos de prática profissional observando 5000 clientes e estudantes, Barbara Ann Brennan apresenta este estudo profundo sobre o campo energético do homem.

Este livro se dirige aos que estão procurando a autocompreensão dos seus processos físicos e emocionais, que extrapolam a estrutura da medicina clássica. Concentra-se na arte de curar por meios físicos e metafísicos.

Segundo a autora, nosso corpo físico existe dentro de um "corpo" mais amplo, um campo de energia humana ou aura, através do qual criamos nossa experiência da realidade, inclusive a saúde e a doença. É através desse campo que temos o poder de curar a nós mesmos.

Esse corpo energético — pelo qual a ciência só ultimamente vem se interessando, mas que há muito é do conhecimento de curadores e místicos — é o ponto inicial de qualquer doença. Nele ocorrem as nossas mais fortes e profundas interações, nas quais podemos localizar o início e o fim de nossos distúrbios psicológicos e emocionais.

O trabalho de Barbara Ann Brennan é único porque liga a psicodinâmica ao campo da energia humana e descreve as variações do campo de energia na medida em que ele se relaciona com as funções da personalidade.

Este livro, recomendado a todos aqueles que se emocionam com o fenômeno da vida nos níveis físicos e metafísicos, oferece um material riquíssimo que pode ser explorado com vistas ao desenvolvimento da personalidade como um todo.

Mãos de Luz é uma inspiração para todos os que desejam compreender a verdadeira essência da natureza humana. Lendo-o, você estará ingressando num domínio fascinante, repleto de maravilhas.

EDITORA PENSAMENTO

Outras obras de interesse:

CORPO, MÚSICA E TERAPIA
Carlos D. Fregtman

AFIRMAÇÕES PARA A CURA DE SI MESMO
J. Donald Walters (Kriyananda)

CURANDO COM AMOR - Um programa médico inovador para a cura do corpo e da mente
Leonard Laskow

DEPRESSÃO - A Doença Malcompreendida
Ursula Nuber

AS ENERGIAS CURATIVAS DA MÚSICA
Hal A. Lingerman

A FORÇA CURATIVA DA RESPIRAÇÃO
Marietta Till

GUIA COMPLETO DE AROMATERAPIA - Cura e transformação através das essências florais e dos óleos aromáticos
Erich Keller

A MESA DO VEGETARIANO
Dra. Rosa Scolnik e Dr. Jaime Scolnik

RECEITUÁRIO DOS MELHORES REMÉDIOS CASEIROS
Francisco V. Lorenz

REFLEXOLOGIA - Como Restabelecer o Equilíbrio Energético
Kevin e Barbara Kunz

RESPIRAÇÃO E ESPIRITUALIDADE - Uma Técnica de Cura
Gunnel Minett

A SAÚDE NA PANELA
Renilde Barreto

CURA PELA MEDICINA NATURISTA
Dr. Jaime Scolnik

TÉCNICAS MODERNAS DE RELAXAMENTO
Sandra Horn

TRABALHANDO COM OS SEUS CHAKRAS
Ruth White

Peça catálogo gratuito à
EDITORA CULTRIX
Rua Dr. Mário Vicente, 374 - Fone: 272-1399
04270-000 - São Paulo, SP